IDEE / *economia*

Collana diretta da
Luigino Bruni

Le aziende dell'Economia di Comunione

6

Maria Gabriella Baldarelli (ed.)

Le aziende dell'Economia di Comunione

mission, governance e accountability

prefazione di Vittorio Coda

Città Nuova

Il lavoro è stato pubblicato con il contributo dell'Ateneo di Bologna.

Grafica di copertina di Rossana Quarta

Via Pieve Torina, 55 - 00156 Roma
tel. 063216212 - e-mail: comm.editrice@cittanuova.it

ISBN 978-88-311-0167-7

Finito di stampare nel mese di luglio 2011
dalla tipografia Città Nuova della P.A.M.O.M.
Via S. Romano in Garfagnana, 23
00148 Roma - tel. 066530467
e-mail: segr.tipografia@cittanuova.it

Prefazione

La tesi di fondo del libro è che le aziende, per rispondere alle sfide poste dai cambiamenti in atto nel contesto ambientale, dovrebbero essere in grado di combinare istanze economiche e istanze sociali, gratuità e profitto, efficienza e felicità. E ciò contemperando o addirittura coniugando queste contrapposte esigenze. Ma, si domanda l'autrice, dove si possono trovare nella realtà simili aziende? E, posto che esistano, come fanno in concreto a superare queste antitesi?

La risposta che Maria Gabriella Baldarelli dà alla domanda sul "dove" è che bisogna guardare alle imprese aderenti al progetto di Economia di Comunione (EdC); la risposta alla domanda sul "come" scaturisce da un'analisi del progetto in parola sulla scorta della letteratura economico aziendale in tema di obiettivi/missione, governance *e misurazione delle performance aziendali.*

Queste domande, e le risposte che si trovano in questo libro, stimolano alcune riflessioni che possono interessare gli sviluppi dell'EdC da un lato, e il progresso delle conoscenze di economia aziendale e di management dall'altro.

La prima riflessione prende le mosse dalla domanda sul "dove". A ben vedere, la realtà empirica in cui trovare aziende guidate da una logica che induce ad armonizzare le ragioni dell'efficienza con quelle dell'equità – contemperando o coniugando gli obiettivi economici (di competitività, redditività e salvaguardia dell'equilibrio economico finanziario) con le esigenze sociali, ambientali e umane in senso lato – è ben più vasta di quella delle aziende aderenti al progetto di EdC o che ad esso sono vicine. Tale realtà è rappresentata da tutte quelle aziende che rifiutano di assolutizzare un qualsiasi obiettivo singolo – sia esso il profitto o la creazione di valore azionario o la crescita dimensionale o la creazione di posti di lavoro o altro – e di farne la funzione obiettivo da "massimizzare", ma, muovendo dalla missione produttiva loro propria (che si assume essere non solo lecita ma funzionale al progresso economico e civile), ne perseguono la realizzazione con un'ottica lungimirante, di "fare bene impresa" sul fondamento anche di una robusta capacità coesiva. E ciò nel convincimento che quest'ultima, in una prospettiva di lungo periodo, non solo non contraddice le esigenze di competitività e di profittabilità, ma è ad esse funzionale e, a sua volta, ne trae impulso.

Il fatto di concepire le imprese di EdC come parte dell'aggregato più ampio, rappresentato dalle aziende gestite con attenzione e dedizione alla propria missione in un'ottica lungimirante, non è cosa da poco, in quanto suscita interrogativi come i seguenti: che cosa accomuna le imprese di EdC alle aziende gestite con lungimiranza da un management competente, che unisce spinta imprenditoriale a rigore nel rispetto delle regole? Quali invece i caratteri che le differenziano? Quali ambiti di dialogo e di arricchimento reciproco possono esservi tra imprese di EdC e imprese guidate da persone che, pur non credenti, hanno la passione e le competenze per ricercare e fare il bene dell'azienda in armonia con il bene della società? Quale contributo possono dare gli studi aziendalistici e di management applicati al progetto di EdC per il rafforzamento delle aziende ad esso aderenti e per lo sviluppo ulteriore del progetto medesimo? Per converso, quali stimoli possono venire al progresso delle conoscenze di economia aziendale e di management dallo studio delle imprese di EdC?

Con riferimento ai primi tre interrogativi, si consideri come legalità, eticità, produzione di ricchezza/profitto come obiettivo-mezzo e non come fine a sé stante, focus sulla "qualità del profitto" dipendente da come lo si produce e da come viene utilizzato, "passaggio dalla transazione alla relazione" per instaurare relazioni di qualità con gli stakeholder*, coinvolgimento e valorizzazione dei collaboratori, "voler rendere felici i clienti" e così via, sono tutte caratteristiche che accomunano le imprese di EdC alle aziende ben gestite e che trovano ampi riscontri nella letteratura di economia aziendale e di management in tema di trasparenza informativa e correttezza gestionale, di gestione delle risorse umane, di qualità dell'ambiente di lavoro e del contesto organizzativo, di attenzione all'ambiente, di qualità delle relazioni con clienti, fornitori, comunità e così via.*

Per contro, fraternità, comunione, gratuità, cultura del dare, aiuto ai poveri, uomini nuovi formati e animati dall'amore, "socio nascosto", provvidenza, sono tutte categorie evocative degli insegnamenti evangelici, le quali sì conferiscono al progetto di EdC e alle aziende che vi aderiscono inconfondibili caratteri distintivi. In fondo questa è la straordinaria "novità" di EdC: quella di dischiudere una concreta prospettiva di attuazione agli insegnamenti della dottrina sociale della Chiesa in tema di mercato, impresa e profitto [1]*, ovvero quella di calare il Vangelo nel mondo delle imprese e delle relazioni di cui si compone la loro vita, dimostrando che esso può essere vissuto anche in queste realtà. Ma la base comune di dialogo e confronto con le aziende dotate di un orientamento di fondo di lungo e largo respiro, saldamente ancorato ad una concezione armonica del bene dell'azienda, rimane quanto mai ampia.*

Venendo ora agli ultimi due interrogativi, mi sembra di poter asserire che le imprese di EdC costituiscono un campo di indagine interessante per gli studiosi di Economia aziendale e di management: per riconoscere in dettaglio, nel concreto dispiegarsi della loro gestione (strategica ed operativa) e delle loro performance (economico finanziarie, competitive, sociali e ambientali), le specifiche manifestazioni di vita di imprese animate dallo

[1] Cf. in particolare i §§ 32, 35, 42, 43 della *Centesimus Annus.*

spirito evangelico; per capire in quali ambiti e a quali condizioni le imprese di EdC possono esistere, sopravvivere e crescere; per arricchire le conoscenze in materia di buone pratiche di management e di governance *e così via. Questi studi, d'altro canto, possono portare a risultati utili al rafforzamento delle aziende di EdC ove si consideri che esse richiedono "uomini nuovi e competenti" e che le competenze e le capacità fondamentali per assicurare una conduzione aziendale che unisca rigore e disciplina manageriale a creatività e innovazione imprenditoriale rientrano nel campo tipico di indagine delle discipline economico aziendali e manageriali. In particolare, lo studio delle imprese di EdC nell'ottica del ricercatore addestrato ad entrare nella comprensione della complessità sistemica e del dinamismo delle imprese può condurre ad evidenziarne punti di forza e di debolezza, opportunità e rischi, e a suggerire linee guida per il loro rafforzamento senza intaccare lo spirito evangelico che le anima.*

Insomma, due sono i riferimenti irrinunciabili per valutare, affinare ed estendere il raggio di azione del progetto di EdC: dottrina e prassi di good management & governance, *da un lato, e vangelo vissuto, dall'altro. Questi, mi sembra, sono due fondamentali ambiti di conoscenza e di esperienza a cui attingere affinché «l'Economia di Comunione non si limiti ad esemplificazioni nel realizzare imprese nuove ispirate ad essa, con qualche commento di chi è più o meno esperto, ma … diventi una scienza con la partecipazione di economisti preparati che sappiano delinearne teoria e pratica, confrontandola con altre correnti scientifiche economiche, suscitando… scuole da cui molti possano attingere»* [2].

Le considerazioni che precedono – stimolate dalla domanda sul "dove" trovare imprese in grado di combinare istanze economiche e istanze sociali, gratuità e profitto, efficienza e felicità – lasciano anche intravedere qual è la via per trovare risposta alla

[2] Chiara Lubich, Mariapoli Araceli, 7 maggio 1998.

domanda sul "come" concretamente le imprese di EdC riescono a superare queste antitesi e a comporle in un tutto che risponde alla sfida di «porre al centro dell'attenzione», «in tutti gli aspetti della loro attività», «le esigenze e le aspirazioni dell'uomo e le istanze del bene comune» [3]. *E ciò senza che abbia a soffrirne la loro capacità di sopravvivere, e forse anche di crescere, nei medesimi contesti di mercato, più o meno difficili, in cui operano le altre imprese.*

La via, ritengo, è quella di studi approfonditi di casi di imprese di EdC, tale da consentire di cogliere come la spiritualità e i valori che ne sono all'origine entrano nei loro processi di gestione strategica e nella loro operatività corrente e come la produzione di risultati competitivi e reddituali si combina con la produzione di frutti di umanizzazione della vita economica. In particolare, nel contesto di questi studi andrebbero verificate e ulteriormente elaborate e arricchite ipotesi di ricerca come quelle suggerite dalla stessa fondatrice di EdC, secondo cui la risposta al "come" dovrebbe ricercarsi: (i) nell'aiuto, che alle imprese di EdC viene dallo «spirito che le anima», «a superare i contrasti interni che ostacolano e, in certi casi, paralizzano le organizzazioni umane»; (ii) nel «loro modo di operare», che «attira la fiducia e la benevolenza di clienti, fornitori o finanziatori»; (iii) «nello spazio» che in queste imprese «si lascia all'intervento di Dio, anche nel concreto operare economico» [4].

Queste e altre possibili ipotesi, che vanno al cuore della problematica del "come", non si possono verificare ed elaborare se non focalizzando sia i processi in cui si dispiega la gestione strategica delle imprese investigate, via via modellandone il contesto organizzativo e il posizionamento di mercato, sia il concreto

[3] Lubich C., *L'esperienza "economia di comunione": dalla spiritualità dell'unità una proposta di agire economico*, in Bruni L. (ed.), *Economia di comunione. Per una cultura economica a più dimensioni*, Città Nuova, Roma 1999.

[4] Lubich (1999), cit.

svolgersi, nel contesto strategico organizzativo che ne discende, della gestione corrente.

I "casi", com'è noto, sono i preziosi materiali empirici delle ricerche economico aziendali. Essi sono raccolte di dati e di fatti obiettivamente registrati ripercorrendo la storia dell'impresa e dei suoi attori. Di questi ultimi soltanto – e non del ricercatore – riportano anche opinioni e valutazioni, in quanto esse pure – unitamente agli accadimenti e alle performance aziendali e ai mutamenti nel contesto esterno – sono dati di realtà utili per capire e interpretare le vicende aziendali. A quest'ultimo riguardo, come si può ben comprendere dalle ipotesi di ricerca in precedenza accennate, acquista indubbio rilievo anche la sensibilità del ricercatore a cogliere la "lettura di fede" che le persone intervistate fanno della propria storia personale e aziendale.

I casi, com'è ovvio, risentono della soggettività del ricercatore, per quanto egli non si lasci influenzare da chi intervista e da ciò che osserva e si mantenga psicologicamente distaccato e intenzionalmente obiettivo. Il ricercatore infatti, nella costruzione di un caso aziendale, è chiamato ad effettuare una selezione di dati, fatti e opinioni. Tuttavia i criteri di selezione non sono rimessi alla sua discrezionalità, ma discendono dalle ipotesi e teorie delle quali deve essere bene equipaggiato prima di immergersi nella realtà empirica per sottoporle a rigorosa verifica.

Un caso aziendale, una volta elaborato, si presta ad analisi e valutazioni volte a costruirne una sorta di teoria esplicativa, che, messa a confronto con il bagaglio teorico di partenza del ricercatore, può in varia misura avvalorare o falsificare ipotesi e teorie. E questo esercizio, ripetuto su una ricca casistica, consente di pervenire a costruzioni teoriche via via più ampie e profonde, fatte di ipotesi esplicative che progressivamente si arricchiscono, si combinano e acquistano plausibilità in contesti e condizioni che man mano si precisano.

In conclusione, è auspicabile che le ricerche sul "dove trovare" e sul "come riuscire a sopravvivere" di imprese «così attente alle esigenze di tutti i soggetti con cui trattano e al bene dell'intera società» [5] *– alle quali questo libro ha aperto la strada – possano ricevere un forte impulso.*

VITTORIO CODA
Università Bocconi
12 giugno 2011

[5] Lubich (1999), cit.

Introduzione

Le modificazioni, che si sono verificate nell'ambiente in cui le aziende operano, hanno messo in rilievo alcune caratteristiche, che sono necessarie alla loro sopravvivenza nel lungo periodo. Per definirle, occorre prima delineare le nuove minacce ed opportunità che, all'attuale stato dell'arte, l'ambiente evidenzia. Tale analisi verrà effettuata per approssimazioni successive coinvolgendo in primo luogo l'accezione di ambiente come sovra-sistema o "ecosistema"[1], successivamente sarà preso in esame quello competitivo, ed infine ci si concentrera sui sotto-sistemi, di cui l'azienda è composta.

Uno dei primi aspetti, che emerge nell'"ecosistema" attuale, riguarda l'importanza, per la scienza economica, della gratuità come logica di comportamento delle persone organizzate in aziende [2]. Tale modalità di operare non è una categoria ancora compresa nella scienza aziendale, mentre da accadimenti concreti emerge che il principio della gratuità (Bruni, 2006a) è fondamentale per sostenere l'economia, ponendo in questo modo le basi per rivoluzionare sostanzialmente il mercato. Un secondo aspetto, che riguarda l'ambiente generale, concerne il passaggio che, secondo una nota corrente economica [3], sta avvenendo dai beni posizionali ai beni relazionali.

[1] Matacena (1984).

[2] Una primigenia trattazione dell'importanza del "dono" si deve a Akerlof G.S. (1992), *Labor Contracts as Partial Gifts Exchange*, in «Quarterly Journal of Economics», no. 4.

[3] Tra gli autori italiani che si stanno occupando di questi argomenti si rinvia a: Zamagni S., *Economia e Relazionalità*, in Moramarco - Bruni

Queste prime due caratteristiche sono emerse in questi ultimi anni, proprio in rispondenza ad una progressiva propensione dell'uomo ad avere comportamenti a volte completamente differenti nei vari campi in cui opera: lavoro, famiglia, tempo libero, ecc.

Ciò è dovuto a una maggiore parcellizzazione delle attività, a cui lo stesso partecipa, che, nel tempo, lo hanno reso più suscettibile a modificare il proprio comportamento in base alla convenienza del momento. Tale stato dissociativo si riflette nelle aziende, in cui la persona spende sovente molto del suo tempo a disposizione [4]. Da queste riflessioni emerge l'esigenza di riportare il comportamento umano alla sua unità e di renderlo più coerente e non "schizofrenico", in tutte le attività che svolge.

Il terzo aspetto, relativo all'ambiente generale, che prendiamo in esame, riguarda la globalizzazione. Essa rappresenta l'intensificazione dei legami tra le diverse economie nazionali rendendole sempre più interdipendenti, tanto che nelle decisioni delle singole aziende si deve tenere conto delle prospettive e delle conseguenze che tali decisioni avranno, sia a livello locale, sia a livello globale [5].

(2000), pp. 57-67; Gui B., *Teoria economica e motivazioni ideali*, in Moramarco - Bruni (2000), pp. 45-57; Bruni L., *Quale visione dell'economia?*, in Moramarco - Bruni (2000), pp. 39-45.

[4] Riportiamo brevemente il pensiero di Sorci: «la riscoperta dell'unità che è dentro l'uomo, soggetto che si scinde e si distrugge nella misura in cui non persegue la verità, viene ripescata, perché un comportamento incoerente può distruggere realtà che sono indispensabili per la sopravvivenza e il benessere dell'umanità: le aziende», in Riccaboni (1994), p. 50.

[5] Riportiamo a questo proposito una definizione economica che ci sembra adeguata: «Una risposta più distaccata è che globalizzazione vuol dire intensificazione dei legami economici tra le economie nazionali, al punto che l'orizzonte delle attività economiche e dei mercati viene a coincidere sempre più spesso con l'intero globo, riducendo di fatto la sovranità dei singoli stati e generando una crescente interdipendenza» (Gui B., *Quattro parole su Economia e Comunione*, in Bruni - Pelligra [2002], p. 31). Inoltre

La globalizzazione può innescare meccanismi positivi, come l'ampliamento dei mercati di approvvigionamento e di sbocco, che sono utili per favorire lo sviluppo dei paesi con maggiori difficoltà economiche e sociali, ma può anche comportare notevoli problemi incrementando il divario tra i paesi ricchi ed i paesi poveri se il percorso decisionale delle multinazionali è esclusivamente economico, come accade nel caso in cui si chiude uno stabilimento in uno stato, procurandone disoccupazione, per aprirne uno nuovo in un altro dove si ha maggiore convenienza economica a produrre gli stessi beni.

La globalizzazione proietta le aziende in un mercato più ampio, intensificando, da questo punto di vista, i rapporti concorrenziali e allo stesso tempo rischia il consolidamento, a livello internazionale, di aziende che vantano già una posizione di *leadership* a livello locale, mentre quelle che hanno maggiori difficoltà ad imporsi come leader sono costrette a soccombere, o comunque sono indotte spesso a subire passivamente gli orientamenti che sono espressi dalle multinazionali.

Altri Autori mettono in rilievo che la globalizzazione rende più agevoli le interconnessioni tra le diverse economie ed inoltre sottolineano come, allo stesso tempo, diventa inevitabile la difesa e l'esaltazione delle specificità di ciascun paese [6].

questo processo viene confermato ufficialmente dall'ONU a New York , nel settembre 2000, in occasione di quella che viene definita: «Assemblea del Millennio», con la partecipazione di 149 capi di Stato, in quell'occasione si mise in rilievo che il mondo sta diventando sempre più interdipendente e tali interdipendenze richiedono una trasformazione delle istituzioni globali e politiche. Per approfondimento si rinvia a: Langmore J., *Nuove risorse per uno sviluppo globale*, in Ferrucci (2002), p. 211.

[6] In merito: «In questo senso, al crescere della globalizzazione meglio si evidenziano le diversità nazionali, le ragioni di identità e quindi il ruolo delle risorse specifiche di ogni paese». Ancora: «...in un contesto industriale dominato dalla complessità, tende a cambiare profondamente il modo nel quale l'impresa si organizza, per rendere possibile e favorire una efficace relazionalità di tipo interattivo con l'esterno» (Vaccà - Zanfei, 1989). Si veda inoltre Gui B., *Quattro parole su Economia e Comunione*, cit., p. 47.

Il quarto importante aspetto, da considerare nell'ambiente, riguarda la tecnologia che annulla gli spazi geografici e permette le comunicazioni in tempo reale ma, allo stesso tempo, genera disagio e frustrazione in chi desidera una relazione più diretta e meglio qualificabile come relazione inter-personale. Questo desiderio spesso viene sfumato nel rapporto tramite lo strumento informatico creando paradossalmente una società dove le potenzialità della comunicazione non sono mai state così elevate, eppure il problema della scarsa qualità delle relazioni tra le persone e la incomunicabilità ha raggiunto vertici storici. Questo ci fa comprendere le ragioni di come, in questa epoca, ci siano «rumori e distorsioni» [7] molto forti tra la fonte che comunica e i destinatari che ricevono il messaggio, con il risultato che la solitudine e l'incomprensione sono diventati problemi sociali. Questo ha spinto gli studiosi ad affrontare l'aspetto della relazione, come già accennato, e a considerare la relazione come un bene "economico e sociale" avente pari dignità rispetto agli altri [8].

Inoltre, per quanto riguarda il quinto aspetto, da un lato il mercato dei capitali sembra porre una crescente attenzione ai comportamenti etici, che sono tornati alla ribalta dopo i vari scandali sulle false comunicazioni sociali, effettuate tramite i bilanci d'esercizio, che sono stati oggetto di discussione all'interno dei mass-media.

Dall'atro lato si sta sempre più diffondendo l'attenzione verso forme di investimento che richiedono il rispetto di determinati vincoli di eticità, attraverso indicatori di valutazione etica dei panieri di titoli, che formano oggetto di fondi comuni di investimento [9].

Se invece passiamo a riflettere sui sotto-sistemi, di cui è composta l'azienda, ed in particolare su come i membri interni

[7] In questo senso: Catturi (2001), pp. 109-130.

[8] In merito si veda Bruni (2006b).

[9] In merito a tale tematica, si può consultare: Signori - Rusconi - Dorigatti (2005).

si trovano nel loro ambiente di lavoro, ad ogni livello gerarchico della struttura, ci rendiamo conto che, nella maggioranza dei casi, emerge uno scontento di fondo, che è accompagnato dal desiderio di voler essere maggiormente coinvolti nella gestione dell'azienda, non soltanto attraverso forme di incentivazione monetaria, quanto tramite forme di coinvolgimento attivo come persone e quindi portatori di interessi, che vanno al di là della remunerazione economica [10].

Nell'ambiente di lavoro l'innovazione tecnologica può provocare problemi di integrazione tra strumenti tecnici e risorse umane, per cui occorrerebbe considerare queste difficoltà, in quanto le stesse tecnologie rendono i rapporti indipendenti ed impersonali allontanando, anziché avvicinare, le persone che vi

[10] Tra le altre riportiamo in estrema sintesi i risultati di una ricerca che riguarda gli interessi, i valori e le motivazioni di fondo degli "attori" aziendali, sono emersi aspetti molto interessanti, in particolare per gli operai è emerso che sono poco motivati nelle grandi aziende e più motivati nelle piccole aziende; invece per gli impiegati si è manifestato uno scarso riscontro contributivo e di essere più remunerati, in particolare nelle aziende attualmente in crisi si esprime l'esigenza, oltre a migliorare i propri livelli retributivi, di aumentare la capacità di espressione delle proprie abilità professionali ed intellettive. A questo proposito si legga: «Si esprime, in tal caso, il convincimento di potersi ritrovare – in un prossimo futuro – in un contesto con caratteristiche mutate, ma di maggior efficienza, almeno in tema di possibilità individuali di migliorare i livelli retributivi e di esprimere le proprie abilità professionali e intellettuali» (Catturi - Di Toro [1999], p. 133). I quadri si dimostrano poco motivati nelle grandi decisioni aziendali, inoltre sono poco informati sui *fringe benefit* dell'azienda e ritengono di avere sufficienti possibilità di esprimere le proprie capacità professionali, inoltre ritengono di avere una scarsa partecipazione alle decisioni aziendali più importanti. I dirigenti invece affermano di trovare gratificazione soprattutto dalle relazioni personali che instaurano all'interno dell'azienda e mirano a migliorare la comunicazione interna, a condividere e decentrare le decisioni ed infine ad allargare la partecipazione ad altri. Infatti riportiamo una delle conclusioni a cui si è giunti: «È risultato evidente che le maggiori motivazioni si concentrano, ormai, sulle gratificazioni umane derivanti dall'esperienza vivibile quotidianamente nell'ambiente di lavoro e sulla connessa possibilità di continuare a esprimere le proprie capacità manageriali» (*ibid.*, p. 133).

lavorano. Ciò porta a pensare che siamo arrivati a creare una catena di montaggio decisionale come quella operativa di Taylor, in cui ognuno si confronta prevalentemente con il computer!

Definito il contesto di riferimento, passiamo ora a considerare le caratteristiche, che sono richieste alle aziende nell'era post-moderna per rispondere adeguatamente alle minacce/opportunità, che sono state evidenziate.

In merito alla prima nuova minaccia/opportunità, che riguarda la gratuità, tale concetto stride fortemente con quanto siamo abituati a vedere nel quotidiano operare delle aziende.

Eppure, questo tipo di ragionamento non è completamente estraneo alle considerazioni più strettamente aziendali, soprattutto per le piccole e medie aziende [11] e ci rendiamo conto che, in qualche misura, soprattutto nella fase istituzionale e nei primi periodi di gestione dell'azienda, ci troviamo di fronte ad un'attività che viene svolta dall'imprenditore e supera qualsiasi ragionamento di tipo strettamente economico. Ad esempio ci si impegna a svolgere le attività per circa ben dodici ore al giorno e generalmente non si consegue subito un compenso in termini economici e monetari, eppure si continua a lavorare lungamente per consolidare la propria azienda.

Inoltre, occorre mettere in rilievo anche tutto il tempo che qualsiasi soggetto aziendale impiega (perde?) a costruire una rete di rapporti stabili e duraturi, per poter incrementare la fiducia reciproca con i vari interlocutori competitivi e sociali. Ciò non può essere inserito nel concetto di gratuità? chiaramente l'obiezione teorica potrebbe essere di una logica utilitaristica anziché di gratuità ma è dimostrato che la propensione dell'uomo a comportarsi in modo gratuito, nel vero senso della parola, è una logica innata [12].

[11] Matacena - Del Baldo (2009).
[12] Maitland (2002).

Sicuramente, negli strumenti economico-aziendali occorrerebbe inserire anche questo concetto che, dal punto di vista della motivazione, è un concetto molto importante.

Legata alla gratuità è l'osservazione del passaggio richiesto dai beni posizionali ai beni relazionali, tale passaggio lo si può a volte capire soprattutto nel tessuto produttivo del Nord Est italiano, in cui la sopravvivenza delle aziende, in un mercato globale, è strettamente legata alla capacità di creare e di controllare le relazioni, che si instaurano nelle reti [13] promosse dalle stesse aziende.

Anche per le grandi multinazionali, la capacità di capire le esigenze dei paesi di destinazione è funzionale alla vendita ottimale dei loro beni e dei loro servizi. Questo comporta un lavoro che mira a mettere in rilievo ciò che l'azienda è, anziché ciò che l'azienda possiede.

Passiamo ora all'impatto della tecnologia sull'azienda. Tale impatto è esterno rispetto agli interlocutori sociali ed economici ma è interno rispetto al personale che lavora in azienda. Questo, come abbiamo detto, tende a spersonalizzare tutti i rapporti, sia interni, sia esterni e le aziende si trovano a dover impostare di nuovo tutte le relazioni contando su questo nuovo filtro, che rischia, se non gestito adeguatamente, di logorare anche quelle che invece erano impostate sulla fiducia reciproca.

In merito alla globalizzazione, si nota che il problema della carenza di attenzione alle problematiche sociali da parte delle aziende, messa in rilievo circa 30 anni fa da diversi autori italiani ed internazionali [14], diventa attualmente un solco più profondo, che mette il dito su una piaga che riguarda la carenza di "eticità" presente nelle aziende, in quanto la socialità esprime la sua massima potenzialità se è radicata nei valori etici, non necessa-

[13] Per una trattazione più approfondita sull'argomento si rinvia a: Mancini (1999).

[14] Tra gli altri si vedano: Marquès (1978); Beresford (1974); Matacena (1984); Rusconi (1988).

riamente di derivazione religiosa ma insiti nei diritti fondamentali dell'uomo, in quell' etica "oggettiva" di cui parla Rusconi (1997).

Inoltre le aziende, per dimostrare agli investitori la loro capacità di essere "sociali", si sottopongono in gran numero a procedure di revisione qualitativa, ambientale ed etica che, dando un "bollino", permette loro di accedere a benefici economici che sono legati all'immagine sui mercati nazionali ed internazionali ed anche dal punto di vista finanziario, si posizionano all'avanguardia nel mercato dei capitali.

La certificazione ambientale, etica, ecc. può essere un primo passo verso lo sviluppo sostenibile, anche se "debole", ma si può osservare che la semplice rispondenza a qualche indicatore etico può essere interpretata, se questa non si traduce in una parte fondamentale dell'orientamento strategico di fondo (Coda, 1988), come un semplice atteggiamento di "immagine" e quindi è lontano da una logica di gestione etica, che invece richiede un profondo cambiamento all'interno dell'azienda.

Da quanto affermato emergono alcune caratteristiche che, all'attuale stato dell'arte, le aziende dovrebbero possedere.

Tali caratteristiche si possono riassumere nella capacità di ingenerare fiducia, che non è semplicemente la "legittimazione sociale" ma si tratta di cercare un rapporto vero con l'ambiente in tutte le sue espressioni e deve sfociare in un comportamento che sia in grado di rispettare i valori dell'uomo. I valori diventano sia fattori produttivi propulsori delle attività svolte in azienda, sia elementi orientatori ed indispensabili all'intera attività aziendale (Riccaboni, 1994).

Anche la definizione di azienda come società umana (Corno, 2002) è, secondo il nostro punto di vista, un concetto che va chiarito, perché è l'obiettivo a cui l'uomo è portato antropologicamente (molti dicono al bene) e di conseguenza l'azienda dovrebbe essere naturalmente portata al bene comune (Zamagni, 2008); in realtà non è un comportamento che avviene spontaneamente, perché anche all'interno dell'impresa ci sono interessi contrapposti e non sempre si coglie in un comportamento etico quello "migliore".

Da ciò si evince che in sintesi, le aziende dovrebbero essere in grado di sintetizzare nella loro gestione gli aspetti economici e sociali, quelli relativi alla gratuità combinandoli con il profitto ed infine che siano aperte a contemperare gli aspetti dell'efficienza e allo stesso tempo della felicità.

A questo punto una domanda sorge spontanea: «Dove possiamo trovare tali aziende? e come eventualmente si può sviluppare la loro gestione?».

L'analisi del progetto di Economia di Comunione (EdC) ci ha permesso di entrare in contatto con aziende che hanno dimostrato di saper rispondere in modo adeguato alle esigenze/contraddizioni dell'epoca moderna.

Infatti sono trascorsi venti anni dal lancio del progetto in parola ed in questo periodo sono state superate diverse tappe ed il progetto si è diffuso in tutto il mondo.

Questo libro vuole essere un contributo ad un dibattito ancora aperto, per rispondere, anche se parzialmente, alla domanda esposta sopra.

Dal punto di vista strettamente aziendale, possiamo individuare due diverse direttrici per analizzare il progetto, di cui la prima riguarda l'attuale stato dell'arte nelle modalità di definizione degli obiettivi, di governo e di *accountability.* In questa rientra la comprensione e l'attuazione concreta delle linee per condurre un'impresa e del Manifesto per un agire economico di comunione.

La seconda riguarda l'individuazione delle "novità" che, attraverso il progetto, si ripercuotono sugli studi aziendali e l'impatto che queste hanno per aggiungere qualche spunto di riflessione inedito alla dottrina.

In merito al primo aspetto, tra i modelli di riferimento teorici, prendiamo come base la teoria sistemica (D'Ippolito [1953] p. 1) considerando anche schemi di lettura più attuali, tra cui quello: mission, governance e *accountability* (Matacena [2010] p. 7).

In relazione al secondo aspetto, relativo alla cultura aziendale, quando si è iniziato questo percorso di conoscenza del progetto non avevamo immaginato che la teoria aziendale si stava orientando a modelli che avrebbero sostenuto le modalità di definizione degli obiettivi, le caratteristiche del governo aziendale e gli strumenti di comunicazione interna ed esterna, che si stavano delineando nell'esperienza e nella cultura delle aziende EdC.

Tra questi aspetti rientrano lo sviluppo "integrale" dell'impresa (Sorci, 2007), l'etica aziendale (Masini, 1977; Rusconi, 1997), l'impresa globale (Catturi, 2003), i modelli solidali e a movente ideale di impresa (Gabrovec Mei, 1997; Molteni, 2009).

Nelle analisi teoriche, a volte chiaramente interdisciplinari, è emerso che nel mercato le aziende si confrontano ma sono necessarie anche quelle in grado di attivare determinati circuiti prevalentemente relazionali, cioè aziende che sono disposte sempre a cooperare (Bruni, 2006b), che permettano anche ai più diffidenti ed utilitaristi di essere felici e portare a termine i loro contratti.

Spesso nelle disquisizioni teoriche sembra che riportare la persona al centro del concetto di azienda e di mercato sia semplicemente una manovra utilitaristica diretta ad offuscare i fini "economici" dell'azienda. Le aziende, non soltanto appartenenti al progetto EdC, dimostrano il contrario.

Il lavoro si sviluppa attraverso una prima interpretazione aziendale del progetto EdC coinvolgendo l'azienda in sé ed anche l'azienda all'interno di un aggregato aziendale.

Nel primo capitolo sono analizzate le modalità attraverso cui vengono definiti gli obiettivi di tali aziende, quali sono le problematiche di *governance* delle stesse, presentando le riflessioni teoriche che si sono sviluppate nel tempo ed alcune ricerche empiriche che in questi ultimi anni sono state effettuate sul campo.

Invece il secondo capitolo prende in esame i "prodromi dell'EdC" attraverso la trentennale esperienza dell'azienda Loppiano Prima, che esisteva in periodi precedenti al lancio del progetto nel 1991 in Brasile. La stessa stava maturando alcuni aspetti, che poi avrebbero dato adito alle caratteristiche di tali aziende.

Successivamente si analizzano le problematiche della comunicazione esterna delle risultanze aziendali o *accountability* evidenziando le novità di tale processo nelle aziende in parola ed inserendo alcuni spunti per ulteriori e prospettiche riflessioni. Queste analisi sono oggetto del terzo capitolo.

Nel quarto capitolo, di Giampietro Parolin ed Elisa Golin, si sviluppa la tematica della misurazione aziendale dal punto di vista dell'impatto strategico e organizzativo.

La parte finale del lavoro, che è contenuta nel capitolo quinto, analizza la problematica delle aggregazioni aziendali, che si sono nel tempo originate all'interno del progetto. Tali aggregazioni, che sono definite Poli industriali, hanno dato e stanno contribuendo allo sviluppo dei luoghi in cui hanno sede, diventando veri propulsori di crescita, oltre che economica, anche umana e culturale.

Lanciarsi in questa sfida significa anche mettere in discussione una serie di capisaldi che, all'attuale stato dell'arte, sono considerati fondamentali, quali: l'equilibrio e l'economicità aziendale, ma nelle difficoltà, che possiamo incontrare durante questo viaggio nella conoscenza, siamo confortati da quanto segue: «Da ciò segue che un cultore di ragioneria, consapevole dei suoi compiti, non può limitarsi alla pura descrizione di quanto si riscontra nella pratica, più o meno razionale; non deve, in altri termini, descrivere solo ciò che è, ma deve soprattutto esporre ciò che dovrebbe essere per un più razionale comportamento dei vari soggetti economici. Quindi, non la sola sistemazione organica dei numerosi fatti che la pratica presenta può esaurire il compito di un teorico della ragioneria; egli deve occuparsi di studiare e di esporre anche procedimenti che la pratica ignori ma che in essa possono trovare valida applicazione. Solo in tal modo la teoria assolve in pieno i suoi compiti, serve da un lato di guida a chi si accinge a conoscere con un certo ordine la multiforme varietà del mondo reale, dall'altro ad illuminare e far progredire la pratica» [15].

MARIA GABRIELLA BALDARELLI

[15] De Dominicis (1969, p. XIV).

I. Il progetto EdC letto attraverso l'economia aziendale tra teoria e prassi

I.1. La prospettiva economico-aziendale all'origine di un'intuizione rivoluzionaria: prime riflessioni teoriche

L'obiettivo di questo capitolo è di riflettere sul significato delle aziende appartenenti al progetto di Economia di Comunione nella libertà attraverso una loro preliminare descrizione e un'analisi dell'articolazione delle stesse.

Alla domanda se si possono individuare alcune "fasi" per diventare aziende EdC, la risposta non né semplice né univoca.

Essere azienda EdC significa mirare alla fraternità universale attraverso l'attività economica. Tale attività si sviluppa utilizzando la cultura del "dare", quella cultura che la stessa fondatrice Chiara Lubich ha ben delineato nella presentazione del progetto in occasione della laurea *honoris causa* in Economia a Piacenza. L'idea di Chiara è riassunta in queste parole: «...ho pensato che si potevano far nascere fra i nostri membri delle aziende, in modo da impegnare le capacità e le risorse di tutti per produrre insieme ricchezza a favore di chi si trovava nella necessità. La loro gestione doveva essere affidata a persone competenti, in grado di farle funzionare efficacemente e ricavarne degli utili. Questi dovevano liberamente essere messi in comune. E cioè, in parte essere usati per gli scopi stessi della prima comunità cristiana: una parte per aiutare i poveri e dar loro da vivere, finché *non avessero un posto* di lavoro; un'altra parte per sviluppare strutture di formazione per "uomini nuovi" – ... – cioè persone formate e animate dall'amore, atte a quella che chiamiamo la "cultura del dare", un'ultima parte, certo, per incrementare l'azienda» (Lubich, 2001, pp. 23-24).

Si diventa azienda EdC attraverso l'applicazione pratica di questa logica di vita, inizialmente ispirata dal Vangelo, ma aperta a tutti coloro che vogliono vivere per "amore" (Argiolas, 2009a).

Le aziende che appartengono al progetto dell'Economia di Comunione nella libertà sono analizzate, di primo acchito, come l'espressione economica concreta che proviene da un "carisma" [1] e questo sta a significare che la loro operatività concreta orienta comportamenti diretti ad unico fine in ogni luogo ed in ogni tempo ma con modalità, di volta in volta, diverse e nuove. Questo fa scaturire la combinazione di elementi sempre diversi, che sono in grado di coniugare l'esperienza con l'innovazione continua, pur nel mantenimento dei principi cardine che l'hanno ispirata.

Ecco perché riesce difficile allo studioso darne un'interpretazione assodata una volta per tutte, perché le combinazioni diverse possono essere lette attraverso differenti prospettive ma mai con queste essere completamente descritte, cioè qualsiasi interpretazione si traduce in una lettura comunque parziale.

Questo però non ci impedisce di abbozzare alcune riflessioni, che possono orientare, all'attuale stato dell'arte, sia la ricerca, sia la pratica delle aziende, confortati anche da diversi studiosi il cui pensiero converge con il nostro.

Essere azienda EdC rappresenta la sintesi tra la pratica e la lettura della stessa utilizzando i modelli aziendali conosciuti.

[1] Nel corso dei secoli, lo sguardo e lo studio dell'economia sono stati prevalentemente concentrati sull'aspetto "istituzionale", mentre l'aspetto carismatico è stato sottovalutato, infatti si legga: «Ma c'è anche un'altra economia, ci sono altre motivazioni che portano, oggi come ieri, persone ad impegnarsi nella vita economica e civile. Sono le storie che possiamo chiamare "carismatiche", perché derivanti da carismi, religiosi certamente, ma anche civili, i quali, sebbene nascenti da altre motivazioni, da vocazioni, da gratuità e da agape, sono anch'essi economia civile» (Bruni - Smerilli, 2008, p. 25).

L'esperienza delle aziende EdC si sviluppa lungo un periodo di tempo, che abbraccia due decenni e iniziamo l'analisi parlando in precedenza del progetto, sia dal punto di vista delle linee generali di svolgimento, sia presentando alcuni dati a supporto dello stesso.

Il progetto è stato lanciato per la prima volta da Chiara Lubich in Brasile ad Araceli, nel 1991 e rappresenta il risvolto aziendale, di uno stile di vita, che permea tutti gli aspetti del comportamento umano [2].

Il contenuto fondamentale dello stile di vita in parola è "la cultura del dare" [3] e i soggetti, che ne condividono i vari aspetti si impegnano a diffondere tale cultura anche nel campo dell'operare delle aziende. Su questo risvolto punteremo la nostra attenzione.

La "cultura del dare" trasforma le modalità attraverso cui viene effettuata la produzione e la distribuzione della ricchezza, come si può leggere di seguito: «Se è vero che non di rado proprio l'economia contribuisce a creare barriere tra le classi sociali e tra portatori di interessi diversi, queste imprese si impegnano invece:

- a destinare parte degli utili per sovvenire direttamente ai bisogni più urgenti di persone che versano in situazioni di difficoltà economiche;

- a promuovere al proprio interno e nei confronti di consumatori, fornitori, concorrenti, comunità locale e internazionale,

[2] In uno slogan tale comportamento si può sintetizzare in questo modo: «Agire quindi, tutti – cristiani e non – anzitutto da veri credenti nei valori profondi, eterni dell'uomo; e poi essere militanti di parte» (dal discorso di Chiara Lubich a Strasburgo il 31/05/1999, in Bruni [1999] p. 11).

[3] Tale cultura può essere compresa, nel campo economico, leggendo quanto segue: «Economia di Comunione guida la scelta e la configurazione degli strumenti aziendali verso una gestione aziendale fondata su una riflessione etica» (Sellmann [2000] p. 104).

pubblica amministrazione… rapporti di reciproca apertura e fiducia, sempre con l'occhio puntato all'interesse generale;

- a vivere e a diffondere una cultura del dare, della pace e della legalità, di attenzione all'ambiente…, dentro e fuori l'azienda» [4].

L'imprenditore, che fonda aziende dell'"Economia di Comunione", è disposto a mettere in campo i propri talenti di creatività e di rischio per un fine che travalica i confini della sua impresa, in quanto si trova ad avere una mappa di soggetti interessati (*stakeholder*), che vanno ben al di là di quelli competitivi e ambientali.

Nella sua gestione entra silenziosamente ma in maniera ineluttabile la "provvidenza", che si materializza nelle idee e nelle intuizioni strategiche e operative pensate individualmente ma anche insieme ad altri soggetti interessati ad essa. Contemporaneamente un ruolo fondamentale è esercitato dai poveri, per i quali tali aziende sono in primis costituite.

Infatti, aderendo per statuto al progetto di Economia di Comunione, l'imprenditore si impegna per statuto a devolvere, quando l'azienda può, un terzo del suo reddito positivo per risolvere le situazioni di indigenza vicine o lontane.

Non si tratta di aziende che hanno nella loro finalità ultima quella della solidarietà, ma per le stesse l'aiuto ai poveri e la "nuova" cultura che promuovono diventano "mezzi" per un obiettivo più ampio, che è quello della "fraternità" universale. È questo aspetto che le caratterizza e le distingue da tutte le altre aziende non profit e sociali, che nascono con un orientamento solidaristico, che diventa il fine ultimo della loro gestione.

Definite le caratteristiche del progetto, nel prossimo paragrafo analizziamo alcuni elementi innovativi nelle modalità di definizione degli obiettivi.

[4] Lubich (2001b), p. 34.

I.2. Aspetti innovativi nella definizione degli obiettivi nelle aziende EdC: una prima lettura ed interpretazione

La "mission" delle aziende EdC si riverbera in un vettore di obiettivi [5] nella piena convinzione di voler partecipare attivamente anche al miglioramento del benessere della collettività e soprattutto di accorrere in aiuto alle situazioni "più vicine" di povertà materiale e spirituale. Nel vettore di obiettivi inoltre si considera allo stesso livello: il raggiungimento di un minimo di economicità, che include in sé l'equilibrio economico, il soddisfacimento dei bisogni ed il rispetto dell'ambiente, la promozione ed il sostegno della collettività circostante.

Quindi non è la ricerca spasmodica dell'equilibrio ad essere parte fondamentale della mission anche se gran parte della letteratura aziendale si è occupata da tempo del concetto di equilibrio facendo dello stesso l'aspetto qualificante della gestione [6]. All'attuale stato dell'arte, pur riconoscendo la validità della ricerca dell'equilibrio, si sottolineano anche l'importanza e la positività del concetto di disequilibrio e di caos, in quanto fonte di apertura ad orizzonti nuovi e sintomo di una fase di transizione non sempre breve [7].

[5] In merito si veda Matacena (1984), p. 9.

[6] Infatti si legga: «Il giudizio che si può formulare sulle situazioni di incertezza è legato,..., al tempo che il moto aziendale sosta nella zona di equilibrio o in quella di disequilibrio. Se le soste nella zona di equilibrio sono frequenti e prolungate, le ricadute nella zona di disequilibrio rare e di scarsa entità, la prognosi è favorevole; se, al contrario, le soste nella zona di disequilibrio predominano ed i ritorni nella zona di equilibrio sono infrequenti, la prognosi è sfavorevole» (Giannessi, 1990, p. 69).

[7] In merito è interessante: «La malattia, il dolore, la insicurezza, sono in fondo tutti la stessa cosa: perdiamo il controllo, "l'ordine" dello status quo si rompe, in altre parole: entriamo in uno stato di "caos"... la cultura razionalista identifica questo caos come qualcosa inutile, o male, o pericoloso... Dal punto di vista del caos-management cambia la prospettiva: il caos è uno spazio di possibilità di una nuova creazione. Quindi, la complessità non è un problema, ma una soluzione per tanti problemi che ancora non

Ci sembra importante sottolineare, a conferma di quanto precisato sulla mission aziendale, che nel progetto sono presenti soprattutto aziende for profit, in quanto lo stesso è stato lanciato per creare aziende che producessero "profitti" e che fossero contemporaneamente in grado di sollevare situazioni di povertà vicine o lontane. Nel tempo però, per poter gestire i progetti di solidarietà, si sono affiancate ad esse alcune aziende non profit [8].

La presenza nel progetto di aziende sia for profit, sia non profit porta alcuni autori a definirle "aziende a movente ideale" (Molteni, 2009), in quanto sono il frutto di un substrato etico, che orienta tutti i campi del comportamento umano e quindi anche quello economico.

Partendo da questo, possiamo individuare quali sono gli altri elementi comuni alle aziende dell'Economia di Comunione, anche a quelle che operano all'interno del mercato e quindi si trovano ad affrontare la concorrenza come tutte le altre aziende. Il significato di questo substrato etico traspare dalla testimonianza di Teresa e Francis Ganzon - Bangko kabayan - Filippine:

«...Verso la metà del 1997, all'inizio della crisi asiatica, le Filippine dovettero affrontare una svalutazione del 60%, che colpì più di tutti il settore finanziario. Con la liquidazione era congiunta la contumacia di prestiti ed errori nell'industria e quindi certe banche incominciavano ad avere difficoltà per la perdita di clienti... Nei mesi successivi altre chiusure attorno a noi avevano aumentato il panico... Ci ricordammo che facevamo parte di una più grande famiglia, quella di tutti gli altri imprenditori che vivono la realtà dell'Economia di Comunione. Abbiamo condiviso con loro questa esperienza...

conosciamo. Vale la pena conservare la complessità e vedere che si può risolvere con questa» (Burckart H., *Caos management*, Bureau internazionale di Economia e lavoro - Globalizzazione e mondo unito, Grottaferrata 4-6 novembre 2000, p. 5).

[8] Come l'associazione socio-culturale «Grazia ed Armonia» di Padova.

L'incoraggiamento morale che avevamo ricevuto, soprattutto mediante comunicazioni via internet, ci aiutò molto per continuare il cammino... inoltre avevamo scoperto la forza nella fiducia e la sicurezza che ogni persona nell'organizzazione aveva... il nostro direttore che rappresenta la minoranza dei partner, aveva messo a disposizione 2,6 milioni di dollari di credit line per la banca senza chiedere in cambio nessuna garanzia. I nostri impiegati agli sportelli assicuravano personalmente i depositari che sarebbero stati responsabili della garanzia del loro denaro. Un notevole cliente garantiva i grandi depositi di altri commercianti come lui. Più che mai questa crisi ci fece avvertire quanto avevamo sempre creduto, cioè che le persone e le relazioni – non il denaro e il profitto – avrebbero assicurato il successo e la sopravvivenza di un'impresa» [9].

Il secondo elemento consiste nel porre attenzione sia alla produzione, sia alla distribuzione della ricchezza, infatti la maggior parte delle aziende sono soprattutto attente al momento della distribuzione, invece in quelle che appartengono al progetto in parola anche la produzione è effettuata nel profondo rispetto dei valori umani più elevati [10], quindi l'ambiente di lavoro diventa accogliente e confortevole, si sviluppa il rispetto per ogni livello della scala gerarchica promovendo una partecipazione attiva alle decisioni che vengono prese, come afferma Giorgio del Signore, amministratore delegato della UNILAB, che così argomentava: «...Vogliamo far quadrare i conti anche dei rapporti tra noi e il contesto sociale in cui siamo inseriti. Lo chiamiamo bilancio sociale. È la misurazione di tutto ciò che non rientra nel bilancio che annualmente ogni azienda predi-

[9] Tratto da Moramarco - Bruni (2000), pp. 75-76.

[10] L'attenzione alla produzione che viene effettuata nel rispetto dei valori umani più elevati emerge nei momenti di crisi, quando il patrimonio di relazioni accumulato nel tempo permette a tali aziende di avere un aiuto insperato dai collaboratori, ma anche dai concorrenti sia in senso morale, ma anche in senso materiale (Molteni, 2009).

spone... per noi è importante capire se ci siamo voluti davvero bene, oltre a rispettarci come colleghi di lavoro» [11].

Il terzo elemento riguarda la libertà di partecipazione al progetto, infatti ciò si riverbera nella ripartizione degli utili da distribuire in tre parti: una parte per la formazione di "uomini nuovi", che siano in grado di gestire le aziende nel rispetto dei valori fondamentali dell'uomo; una parte per sollevare le situazioni di povertà locali o lontane, e la terza parte per l'azienda stessa affinché possa svilupparsi e produrre reddito. L'adesione al progetto però lascia liberi di scegliere gli imprenditori, secondo le periodiche esigenze contingenti dell'azienda e delle famiglie che in essa lavorano, infatti Alberto Ferrucci, imprenditore EdC, così argomenta: «L'imprenditore è un "ragionevole sognatore" (afferma Benedetto Gui)... Non ha una base di puro conto economico: è infatti impossibile fare i conti esatti prima di ottenere i risultati... Ecco, gli imprenditori dell'EdC non si distaccano molto da questa definizione; ma non sono isolati perché partecipano ad un sogno comune, e quindi viene loro naturale aiutarsi a realizzare i propri progetti... Non si può nascondere un altro elemento che caratterizza questi imprenditori: lo chiamerei il "socio nascosto", cioè la Provvidenza, Dio Amore... Il solo risultato contabile non basta come motivazione all'imprenditore...» [12].

Il quarto elemento si snoda attraverso l'impegno serio ad apportare miglioramenti sociali, al di fuori dei confini aziendali con un terzo degli utili, ma anche a promuovere l'occupazione, soprattutto per quanto riguarda le categorie protette e disagiate [13].

La dottrina aziendale individua nell'equazione di equilibrio il reddito positivo come fonte di remunerazione per i fattori del-

[11] Bianco G. (2000), *Oltre allo stipendio...*, in «Città Nuova», n. 15-16, p. 48.

[12] Intervista ad Alberto Ferrucci, in «Città Nuova», n. 11, 1998, p. 39.

[13] Questi elementi sono stati tratti da: Molteni (1999), pp. 88ss.

la produzione: l'interesse di computo, lo stipendio direzionale dell'imprenditore e la remunerazione al rischio o profitto [14]; nelle aziende di Economia di Comunione agli aspetti, che sono stati individuati dagli aziendalisti, si aggiunge anche un quarto "fattore", che si manifesta nella produzione del reddito attraverso quello che viene chiamato "socio nascosto" e successivamente si palesa al momento della distribuzione degli utili come esigenze della collettività suddivise tra: uomini nuovi e situazioni di povertà. Così Luis Carlos Santos – principale azionista dell'azienda «Piu Piu» - Brasile – racconta la sua esperienza: «Facevo il veterinario per una grande impresa, ma non ero che un numero, tra gli undicimila lavoratori di quella multinazionale. Volevo condurre un'azienda. Ma soprattutto, volevo rendermi utile alla società, mettendo a disposizione le mie capacità imprenditoriali. La risposta è stata l'Economia di Comunione» [15].

Da quanto emerge dalla descrizione del progetto, per la parte relativa alla mission si pone allo stesso livello il momento della produzione e quello della distribuzione della ricchezza. All'attuale stato dell'arte è ancora più importante sottolineare l'attività di produzione di ricchezza, rispetto a quella della distribuzione, che è stata sempre considerata prevalente per la legittimazione dell'azienda nella società.

La dizione generica della definizione di un vettore di obiettivi per le aziende del progetto di Economia di Comunione comprende: l'equilibrio economico sostanziato dal rispetto dell'economicità aziendale intesa in senso lato [16], il soddisfacimento dei bisogni che non esclude il profitto e gli aspetti etico-valoriali [17].

[14] In merito si rinvia a: Amaduzzi (1948), p. 72.

[15] Intervista a Luis Carlos Santos (1998), «Città Nuova», n. 11, p. 35.

[16] Per approfondimenti sul concetto di economicità si vedano, tra gli altri, Onida (1993), p. 104 e Airoldi - Coda - Brunetti (1989), p. 327.

[17] Riportimo alcune riflessioni interessanti di un noto autore che così sintetizziamo: il profitto ovviamente non può essere di per sé demonizza-

Ciò in quanto la partecipazione una tantum o in maniera continuativa a sollevare situazioni di povertà, o anche il coinvolgimento nel sostegno di iniziative socio-culturali di sviluppo economico non sono sufficienti perché un'azienda faccia parte veramente del progetto.

Questo comportamento infatti può anche derivare da valori profondi, ma non ne scaturisce, di per sé, la consapevolezza per l'intera azienda. Tale consapevolezza deve essere costruita, attraverso le relazioni umane (Gui - Sugden, 2005) ma anche avvalendosi di uno stile di leadership e di strumenti manageriali, che permettono di sedimentare questa consapevolezza per farla diventare conoscenza, che viene trasposta nell'orientamento strategico di fondo condiviso. In questo modo il vettore di obiettivi diventa "eticamente orientato" (Baldarelli, 2005) e si indirizza allo sviluppo integrale dell'impresa (Sorci, 2007), dove la dimensione immanente e quella trascendente diventano entrambe necessarie per rendere l'impresa solida, continuativa e promotrice del bene comune (Zamagni, 2007).

Ciò fa sì che tutti gli operatori aziendali sono resi consapevoli che la loro azienda partecipa allo sviluppo della società tramite un modello, che prende in esame le situazioni di difficoltà vicine e lontane, in una logica di reciprocità (Bruni, 2006b).

A questo punto entra nel vettore di obiettivi l'etica nell'ottica della "comunione", che mette sullo stesso piano l'indigente, personificazione concreta del "socio nascosto", e l'azienda che lo aiuta. Anzi è l'indigente che si fa "promotore" di motivazione, anche se indiretta, presso tutti i soggetti aziendali.

to, se volto alla creazione di benessere e di posti di lavoro e l'etica è quella che permette di ricomporre a sistema il tutto e permettere di discernere tra egoismo e altruismo, infatti si legga: «When an individual's cooperation is public or visible within the society, the individual can be rewarded by society so that the conflict between the demands from the self and the society is resolved» (Dempsey, 2000, p. 536).

Infatti lo stesso stimola la produttività delle unità operative e la qualità della produzione, che non termina con la prestazione del servizio, o con l'ottenimento di un determinato prodotto, ma va al di là sino al voler rendere felici i clienti, che utilizzeranno tale prodotto o servizio [18].

Il salto che si fa nell'EdC è che, innanzitutto, non c'è "costrizione" alcuna a vedere nel cliente un partner per la creazione del valore, ma lo si vede come con-creatore di un valore (Parolin, 2002).

Normann parla di logica del servizio [19] in maniera piuttosto costrittiva; invece nell'EdC si attua tale logica in maniera volontaria sprigionando una scelta consapevole che è alla base del passaggio dalla transazione alla relazione.

Le modalità concrete, attraverso cui innescare il circolo virtuoso, che è stato appena analizzato, sono diversissime ed anche se il progetto indica che 1/3 degli utili deve essere destinato a sollevare situazioni di povertà, ciò si può concretizzare in vari modi nella produzione aziendale, ad esempio per tutti i dipendenti si può prevedere di lavorare un'ora al mese per gli indigenti, che in questo modo diventano parte attiva e visibile per l'azienda [20].

[18] Direttamente dalle parole di Nino Maruelli, azienda di commercio all'ingrosso Edic in Piemonte: «Anche prima pagavo tutte le imposte e cercavo di comportarmi onestamente con i fornitori, clienti e dipendenti, ma ora (dopo essere entrato nel Progetto di Economia di Comunione) non era più per etica personale – che a volte mi lasciava il dubbio di comportarmi come fesso – ma per un imprescindibile bisogno di rapporto e dono verso gli altri» (Genisio, 2002, p. 51).

[19] Normann mette anche in rilievo la logica del servizio, infatti: «(la logica del servizio) Questo concetto ci obbliga a spostare l'attenzione dalla produzione all'utilizzo, dal prodotto al processo, dalla transazione alla relazione» (Normann, 2002, p. 111).

[20] Riportiamo in merito l'esperienza di Antonio Faria Lopes, azienda Lda di produzione di stampi in plastica e calzature in Portogallo: «Sperimentiamo la gioia che viene dal partecipare ad un grande progetto che va al di là del nostro merito o capacità, dal sentire al presenza di quel Socio che

In queste aziende è la qualità del processo strategico che cambia in quanto tale, promuovendo la partecipazione allargata a tutte le unità operative. Tale processo richiede tutto un lavoro preparatorio e relazionale per coinvolgere i membri della struttura, di line e di staff [21].

La capacità di riorientare i propri obiettivi e quindi di modificare anche gli orientamenti della gestione, anche di fronte a shock ambientali, come ad esempio quello dell'11 settembre 2001, denota una maggiore flessibilità strategica, che, grazie alla rete di relazioni che si instaurano, fa maturare meglio le scelte strategiche e permette loro di avere una maggiore efficacia, salvaguardando i posti di lavoro [22].

Troviamo anche in questo contesto una specie di risposta che si è concretizzata nell'operare di alcune aziende: «forse più correttamente dovremmo dire che la piena assunzione dei rapporti di interscambio tra impresa/ambiente dovrebbe passare attraverso la riarticolazione del vettore degli obiettivi

sembra occulto ma che si manifesta, suggerisce, modera, dà fiducia, coraggio, illumina decisioni, iniziative e strategie». Ancora: «Non conosciamo il futuro di Faria & Iarmaos, ma il presente – che desideriamo perpetuare – è far sì che essa continui a rivitalizzare e rendere più felice l'umanità con cui viene in contatto» (*Un'azienda EdC portoghese in espansione*, in «Economia di Comunione», marzo 2000, pp. 8-9).

[21] Infatti si legga: «Tale progetto, se sottoposto ad un'analisi superficiale, può risultare di una semplicità disarmante e tale da non scomodare l'attenzione di studiosi... se però viene considerato alla luce dei motivi che lo hanno ispirato, racchiude in sé una forte dottrina, un ricco patrimonio di idee, il cui contenuto può essere di stimolo alla ricerca scientifica applicata a campi diversi di indagine, ivi compreso quello economico-aziendale» (Cillerai, 2002, p. 368).

[22] Ad esempio la scelta di un tour operator di Arezzo: Arezzo Più, dopo gli eventi dell'11 settembre, è stata di non licenziare e di concentrarsi, anziché sui flussi turistici *outgoing* cioè quelli che dall'Italia vanno all'estero come aveva fatto in precedenza, sui flussi turistici *incoming* che portano i turisti stranieri in Italia. Tale decisione è stata presa di concerto con tutti gli operatori aziendali ed ha portato ad uno sviluppo tale come se lo shock dell'11 settembre non si fosse verificato.

che si presenti in termini di profitto/sopravvivenza/sviluppo, nell'ipotesi però che esso sia meta conforme alle responsabilità umane, sociali ed ambientali (in senso fisico qui) che all'impresa competono...» [23].

Le aziende, che fanno parte del progetto in parola partecipano attivamente al processo di globalizzazione attraverso una rete di relazioni che, avvalendosi dei più potenti strumenti della tecnologia, le tengono continuamente in contatto tra loro.

Inoltre sono definite aziende che sviluppano la "globalizzazione della solidarietà" [24], perché prendendo soprattutto in esame le realtà dei paesi in cui sono presenti, hanno sviluppato o stanno sviluppando un modello di crescita e di relazioni che, pur allineato al modello iniziale sorto in Brasile, si adatta alle circostanze e alle situazioni competitive ed ambientali della zona, dando vita ad un modello diverso per certi aspetti da paese a paese, che è in grado di adeguarsi allo specifico contesto locale.

Infatti ogni azienda si adatta al meglio al luogo in cui sorge, ma il radicamento rispetto alle tipologie di ambiente: competitivo, sociale, culturale, politico, da quanto è emerso dalle ricerche, sino ad ora effettuate, ci sembra più completo e soprattutto veramente a favore di uno sviluppo sostenibile del luogo in cui sorgono, sia come singole aziende, sia come poli industriali [25].

Queste aziende considerano l'ambiente di lavoro il luogo primario dove si estrinsecano le potenzialità dei propri dipen-

[23] Matacena, 1884, pp. 23-24.

[24] Il termine è tratto da Cillerai (2002), p. 370 nota 10.

[25] Infatti è interessante leggere: «Con questo si vuole riconoscere che, in assenza di sviluppo globale armonico dell'economia, le possibilità di costituzione e di diffusione delle imprese legate al progetto sono connesse ad un complesso di fattori economico-sociali-antropologici che generano un'espansione in modo differenziato a seconda dello scenario economico esistente nel singolo paese» (Cillerai, 2002, p. 374).

denti e cercano di condividere la maggior parte delle decisioni con tutti i membri dell'azienda ponderando gli aspetti economici e sociali delle stesse.

Ciò significa che lo sviluppo delle potenzialità "etiche" di queste aziende, da una matrice di valori di base, si apre ad acquisire tutta una serie di "orientamenti" che rispettano, anzi traggono dal luogo di origine uno stimolo di volta in volta diverso per tarare il vettore di obiettivi e le modalità di governo sull'economicità e sulla sostenibilità ambientale e sociale, per diventare veri motori per lo sviluppo economico della zona in cui operano.

Dopo aver trattato della definizione della *mission* nelle aziende EdC, si prosege l'analisi attraverso lo sviluppo delle problematiche relative alla *corporate governance*, che approfondiremo nel prossimo paragrafo.

I.3. La *governance* nelle aziende EdC: come agisce la comunione?

Gli aspetti analizzati hanno messo in rilievo alcune caratteristiche per la definizione degli obiettivi delle aziende EdC. Questo comporta una modificazione della *corporate governance*, sia nell'accezione che riguarda i sistemi di potere di governo, sia nei processi gestionali e di controllo interno.

In questo modo i modelli di *governance*, che sono basati sui conflitti, lasciano spazio ad un modello innovativo, quale può essere quello dell'Economia di Comunione, dove confluiscono gli elementi che derivano dai diversi modelli teorici di *corporate governance* [26]. Ne emerge perciò un modello che, an-

[26] Si colgono infatti elementi che provengono dalla teoria dell'agenzia, altri che derivano dalla teoria degli *stakeholder* ed altri che derivano da teorie intermedie tra le due, per approfondimenti si veda Specht (1998), p. 6.

ziché essere basato sui conflitti, è basato sulla collaborazione tra i vari soggetti interni ed esterni aziendali.

Due sono infatti gli aspetti che qualificano questo modello di *corporate governance*: il primo è l'inserimento di principi etici nella produzione di profitti; il secondo è la ricchezza dell'azienda non considerata come un fine in sé ma come un mezzo. Per cui il luogo di lavoro è confortevole ed accogliente, le ore di lavoro sono adeguate e la remunerazione è commisurata allo sforzo compiuto. Inoltre ogni persona, che lavora in questa tipologia di aziende, trova un clima di fratellanza, orientato alla cultura del dare, dove la comunicazione è fondamentale sia all'interno, sia all'esterno dell'azienda sviluppando le opportunità di crescita, umana e professionale, a qualsiasi livello della scala gerarchica [27].

Da quanto detto si può affermare che il ruolo del manager singolo lascia spazio, in queste aziende, ad una figura corale di manager, in cui ognuno ha il suo ruolo "attivo" ed è coinvolto nella gestione dell'azienda, dove, esistendo una leadership che ascolta, promuove e coinvolge le persone, riesce a creare nuovi servizi con la collaborazione degli altri, rendendoli partecipi [28].

Dal punto di vista della *governance*, riferita ai sistemi di potere, l'azienda EdC, attraverso la *mission* "eticamente" orientata (Baldarelli, 2005), acquisisce la capacità di condividere, con coerenza e fiducia, la propria esperienza aziendale con altre aziende, interne o esterne al progetto, per riuscire a sopravvivere e svilupparsi.

[27] Specht (1998), p. 7.

[28] Infatti un noto studioso sulle qualità del manager di oggi così si esprime: «Ora c'è forse bisogno di altre qualità: non solo prendere l'iniziativa, ma crearla e facilitarla. Non solo parlare, ma anche ascoltare. Non tanto comandare, ma promuovere. Essere piuttosto come un direttore d'orchestra, che sa che l'altro suona molto meglio di lui il violino o il corno, ma che è capace di ascoltare e di facilitare le molteplici abilità dei membri della sua orchestra a tal punto che dall'armonia tra tutti nasca una sinfonia» (Burckart, 1999, p. 79).

Infatti la *governance* di un'azienda che ha alla base la comunione [29] come valore portante permette non solo di trasmettere la fiducia e quindi creare questo "capitale relazionale" a tutti i livelli e a tutte le posizioni organizzative, ma permette soprattutto di diffondere fiducia all'esterno, anche nel momento in cui si trova di fronte a scelte strutturali per l'azienda come ad esempio quelle di esternalizzazione della produzione in alternativa all'acquisizione di una nuova azienda.

Il processo decisionale, che riguarda anche le scelte strutturali enunciate sopra, è inizialmente complicato da una serie di incontri preliminari, che permettono di chiarire bene le posizioni delle parti coinvolte, ma tale modalità di svolgimento, che allunga le procedure decisionali del vertice aziendale, vuole sottolineare che le decisioni vengono prese insieme, nel rispetto di ciascuno.

Di conseguenza i problemi si mettono a fuoco soprattutto all'inizio del processo strategico, ma la fiducia che si genera crea una lubrificazione di cui beneficia il seguito del processo, con maggiori possibilità di delega ampia nel pieno rispetto dei valori umani e quindi quello che potrebbe sembrare un comportamento non razionale si rivela invece conveniente consentendo uno snellimento delle procedure e una piena responsabilizzazione ai vari livelli dell'assetto organizzativo aziendale [30].

[29] Infatti si legga: «Innanzitutto la comunione e l'amore non sono un bene scarso, ma come tutte le virtù si aumentano con l'uso: ogni volta che ricomincia il gioco, il valore intrinseco dell'amore aumenta. Inoltre l'essere amati gratuitamente ci cambia, ci fa migliori e ci spinge, nel tempo, a rispondere» (Bruni, 2002, p. 6). Ancora si legga quanto scrive un altro autore: «Gli imprenditori danno, mettono in comune, il proprio lavoro, le proprie capacità, le idee, le proprie imprese e gli utili e ricevono sostegno, appoggio, appagamento, realizzazione, soddisfazione» (Golinelli, 2002, p. 360).

[30] L'assetto organizzativo aziendale comprende la struttura organizzativa e i sistemi operativi, per approfondimenti si rinvia a Airoldi - Coda - Brunetti, 1989, p. 208.

La riflessione, che è effettuata in base all'assetto proprietario, rispetto alle tre principali tipologie di aziende, di cui la prima esamina le aziende a capitale diffuso, la seconda considera le aziende che hanno un capitale concentrato nelle mani di pochi soci, definito il "nocciolo duro" ed infine le aziende individuali, in cui domina l'"imprenditore factotum" fa emergere la *governance* delle aziende EdC come quella che supera questi concetti qualificando diversamente il modo di operare del "soggetto decisore" (Rusconi, 1997, p. 109).

Inoltre la fiducia, che si diffonde in azienda, espleta i suoi effetti anche all'esterno e questo comporta l'agevolazione delle relazioni formali ed informali.

Da ciò deriva che nelle relazioni inter-aziendali, nazionali ed internazionali, l'etica si diffonde anche alle reti di aziende e, se è presente una base etica comune, come nel caso dei Poli industriali, che vedremo in seguito in altri capitoli, la rete stessa diventa "soggetto morale" nella sua operatività (Rusconi, 1997, p. 92) mantenendo, allo stesso tempo, la dignità e l'importanza della "soggettività morale" dei soggetti che la esercitano attivamente durante lo svolgersi della gestione aziendale.

La presenza attiva di persone, che "dipendono" per la loro sopravvivenza e il loro sviluppo da quel terzo di utili delle aziende del progetto, innesta un meccanismo di coesione, che coinvolge reciprocamente e in maniera multidirezionale tutti i soggetti interni all'azienda, cioè: i soci, gli amministratori, i dirigenti, i quadri, il personale, ecc.

Questo permette lo sviluppo e la diffusione di un controllo reciproco, non avvalendosi della logica punitiva ma nell'intento di migliorare insieme le proprie prestazioni ponendo maggiore attenzione all'operare, oltre che di se stessi, anche dell'altro. In questo senso le situazioni di indigenza sviluppano una specie di controllo, anche se "a distanza", ad operare migliorando la qualità dei prodotti e dei servizi prestati, che diventano così espressione del "valore" delle relazioni che durante il processo produttivo si sono sviluppate (Naughton - Laczniak, 1993).

Tale qualità va ben al di là della rispondenza ai parametri della certificazione ISO 14001, in quanto è orientata a fornire ben-essere alla persona che dovrà utilizzarli, al mantenimento dell'efficienza. Efficienza che diventa indispensabile per poter fornire più mezzi a sostegno delle diverse situazioni, che ci si è impegnati a soccorrere.

Questo nuovo circuito virtuoso, che si innesta nei processi di controllo interno, è utile anche ai fini dell'apprendimento, della sedimentazione e diffusione della conoscenza (Quagli, 1995), infatti i requisiti che sono richiesti per questo tipo di problematiche affondano le radici in comportamenti ancorati a valori antropologici che sono valutati indispensabili [31].

Da ciò emerge che le modalità ritenute più efficaci riguardano la partecipazione attiva al cambiamento gestionale dell'azienda, che deve iniziare internamente e, se la "base etica" è la stessa come nelle aziende EdC, lavorare su questo comune denominatore porta vantaggi notevoli [32].

Si potrebbe pensare che la presenza di codici etici possa facilitare questo processo ma alcuni autori affermano, dopo aver effettuato approfondite ricerche sul campo, che i codici sono uno soltanto tra gli elementi che possono contribuire a sviluppare nell'azienda una "tensione" al miglioramento dal punto di vista etico ma non sono assolutamente esaustivi (Fisher - Lovell, 2000, p. 369).

[31] In merito si legga: «Une identité apprenante se caractérise par le droit à l'erreur (à la condition que l'on en tire des enseignements), la possibilité de reconnaitre ses limites sans risquer d'ètre sanctionné, la valorisation de la création et du partage de connaissance, une incitation à l'apprentissage mutuel, la capacité de ses membres a remettre en couse leurs cadres de réflexion et d'action et à rendre discutible les vrais problèmes..., l'existence de relations de confiance, etc.» (Métais - Moingeon, 2001, p. 114).

[32] Tratto da Bartel - Saavedra - Vandyne (2001), p. 369.

Inoltre l'intenzione di realizzare codici etici denota un interesse serio, da parte dell'azienda, di diffondere, al suo interno e verso l'esterno, un certo modo di operare moralmente orientato. Tale orientamento però va concretizzato attraverso la presenza di principi, come il rispetto dei diritti fondamentali dell'uomo [33], da utilizzare nel concreto operare coinvolgendo e motivando le persone, che sono chiamate ad attuarli [34].

Le aziende in parola hanno già siglato una bozza di "intenti" in cui sono racchiusi i principi fondamentali della loro condotta [35] che si impegnano ad osservare e dimostrano di attuare concretamente ogni giorno: essi sono di fatto il loro codice etico integrato nella operatività aziendale.

Chiaramente queste modificazioni, che abbiamo descritto nella *mission* e nella *governance*, hanno un riscontro sugli strumenti di comunicazione interna e soprattutto esterna, non soltanto in termini unidirezionali ma in un processo ricorsivo in cui ciascun elemento alimenta gli altri.

[33] «...perché il livello di credibilità etica dei codici aziendali dipende strettamente dalla coraggiosa trasparenza delle aziende che li adottano e che decidono con sincerità di "voltare pagina" ...sempre tenendo però presente che un comportamento pienamente etico è un obiettivo tendenziale, mai completamente raggiungibile» (Rusconi, 1997, p. 242).

[34] Infatti si legga: «As Watson observes, organizational ethics is a matter of more than establishing a moral base for corporate activity based on the organization as moral community. Trust is not enough. Indeed, codes of conduct are not enough» (Fisher - Lovell, 2000, p. 79).

[35] Infatti si legga: «...- nel conciliare le esigenze di efficienza e redditività con l'obiettivo di fare dell'attività economica un vero luogo d'incontro tra tutti i soggetti coinvolti; - nella partecipazione attiva dei lavoratori alla vita dell'impresa; - nell'impegno concreto a migliorare l'ambiente sociale in cui operano...; - nello stabilire rapporti di reciproca apertura e fiducia con consumatori, fornitori, concorrenti, comunità locale, pubblica amministrazione, con lo sguardo rivolto all'interesse generale; - nel vivere e promuovere il pieno rispetto della legalità e dell'ambiente» (International Bureau of Economy and Work - New Humanity - Movimento dei Focolari - Araceli, Brasile, 12 giugno 1999).

Considerati gli aspetti che riguardano la *governance*, si presentano ora alcuni risultati di ricerche empiriche.

I.4. Le linee per condurre le aziende EdC: la metodologia di ricerca utilizzata e le risposte alle diverse sfide

La ricerca si basa sull'acquisizione di informazioni sul rapporto tra *mission* e *governance* delle aziende EdC prevalentemente italiane, sia attraverso casi aziendali, sia avvalendosi di numerose interviste e colloqui con i proprietari delle aziende. L'arco temporale si sviluppa dal 2000 e prosegue sino al 2010.

Dall'analisi di alcuni casi italiani è emersa la curiosità di approfondire la conoscenza di tali aziende e ciò è stato effettuato attraverso la somministrazione di questionari, che hanno coinvolto i responsabili amministrativi.

Per una valutazione del fenomeno nel suo insieme, ci siamo avvalsi anche di indagini statistiche già esistenti ed effettuate da studiosi di diverse discipline [36].

Nell'ottobre 2009 avevano aderito al progetto EdC 688 aziende aventi diverse forme giuridiche ed appartenenti a tutti i settori merceologici.

Inoltre sono coinvolti anche gli imprenditori che condividono soltanto alcuni aspetti del progetto ed altre aziende che sono molto vicine alle aziende EdC come modalità di gestione pur non avendo aderito formalmente.

Da quando il progetto ebbe origine, si è radicato progressivamente nelle varie zone del mondo e lo stesso è stato tenuto sotto osservazione da diversi studiosi, che erano inizialmente soltanto economisti (Bruni, 1999; Bruni - Moramarco, 2000). In seguito, agli studiosi economisti si sono aggiunti studiosi di quasi tutte le discipline (Specht, 1998; Cillerai, 2002; Balda-

[36] Gold (2010); Di Ciaccio (2004).

relli, 2003; Argiolas, 2009; Gold, 2010) e ne sono testimonianza le diverse pubblicazioni interdisciplinari su tale argomento (Bruni - Pelligra, 2002; Bruni - Crivelli, 2004).

L'attenzione posta dagli studiosi su queste aziende insieme ad alcuni imprenditori che si erano posti come pionieri ha portato a momenti di verifica dello stato dell'arte del progetto rendendo necessari dei momenti di svolta in base alle difficoltà, che, tempo per tempo, emergevano dalla pratica aziendale.

Questo ha permesso, di volta in volta, di trasformare difficoltà quali: le incertezze, gli svantaggi, il ristagno, in occasioni per riflettere e per rilanciare di nuovo tali aziende cogliendone le novità in divenire, che venivano progressivamente sottolineate.

I pionieri di questo progetto sono stati spinti a farne parte, perché animati da un sogno: quello di sollevare situazioni di povertà vicine e lontane per raggiungere la fraternità universale. Ciò ha portato a volte alla "riorganizzazione" di aziende già esistenti [37] ma soprattutto alla costituzione di nuove aziende, animate da questa ultima finalità ed allo stesso tempo, con l'obiettivo di ottenere anche il profitto [38].

[37] In questo senso Marcelle, piccola imprenditrice agricola della Costa D'Avorio, quando ha sentito parlare dell'EdC: «Mi piace l'Economia di Comunione ma siccome non ho potuto fare degli studi vorrei sapere da te se ho capito giusto… e prima di sentir parlare di Economia di Comunione ero sempre addosso agli operai per sgridarli e per dimostrare che il loro lavoro era fatto male… sentendo parlare di EdC… mi erano rimaste particolarmente impresse la cultura del dare, il fare del mio ambiente di lavoro una famiglia… Tornando a casa avevo cercato di capire come vivere questi valori con i miei operai: subito il giorno dopo ho cercato di ascoltarli, dar loro fiducia ed amarli concretamente dando loro da mangiare…» («Rivista di Economia di Comunione», n. 19, 2003, p. 8).

[38] Tra queste Ancilla Consulting, di cui ci racconta la titolare Tita Puangco «è nata nel 1991 a Manila, nelle Filippine, quale immediata risposta al progetto di Economia di Comunione. Allora lavoravo quale funzionaria di banca, un lavoro sicuro e ben retribuito, ma d'accordo con mio marito avevo deciso di aderire all'invito di Chiara lasciando il mio lavoro per creare un'azienda di consulenza… Ancilla entra adesso nel quattordicesimo anno di attività…

Gli imprenditori "pionieri" erano animati da molta buona volontà ma dovevano, tempo per tempo, risolvere le problematiche della gestione aziendale, che doveva rispondere soprattutto alle ferree regole della concorrenza e del mercato. Inoltre si sentiva l'esigenza di delineare linee di gestione comuni e condivisibili a livello mondiale.

È per questo motivo che, verso la metà degli anni Novanta, si è costituito il Bureaux Internazionale di Economia e Lavoro, organismo di supporto all'EdC, costituito sia da studiosi, sia da imprenditori e studenti. Durante le sue riunioni si esaminavano i problemi contingenti e strategici dell'EdC e si cercavano di risolvere, in modo adeguato al periodo che si stava attraversando.

Il bureaux successivamente è stato sostituito dalle Commissioni EdC (Gold, 2010) che a diversi livelli: internazionale, nazionale e locale, fungono da "laboratori" per capire, di volta in volta, quali sono le strategie da suggerire per far procedere il progetto nella maniera più adeguata.

Da questo si desume che non si può parlare dell'EdC come di un ideal-tipo di azienda ma di un'entità strettamente legata alla realtà spaziale e temporale in cui si sviluppa.

La prima difficoltà riguarda le modalità attraverso cui riuscire a tradurre l'idea "profetica" iniziale (Lubich, 2001), in modalità di definizione degli obiettivi, modalità di gestione e di rendicontazione/*accountability*.

Questo ha richiesto profonde riflessioni, che sono ancora in corso, in quanto la cultura del dare è stata progressivamente approfondita e calata nella realtà, mettendo in rilievo l'importanza della comunione e della reciprocità a livello intra ed interaziendale e, dove possibile, allargandola al di fuori del progetto.

Grazie al suo impegno professionale e alla Provvidenza, dallo staff di 22 persone di dieci anni fa, siamo giunti ad essere 48 professionisti, a servizio di 270 clienti» («Rivista Economia di Comunione», n. 20, 2004, p. 21).

Il processo evolutivo ha anche richiesto nel tempo una terminologia diversa per mettere in rilievo che cosa in realtà stava accadendo, sino ad arrivare al concetto di aziende che operano per la fraternità universale (Gold, 2010).

Proseguiamo analizzando i principali passaggi, che ha subito la cultura aziendale insita nelle aziende EdC, e come questi sono stati connotati da atti concreti, predisposti dalle stesse.

Da quando il progetto prese avvio [39] iniziarono subito le prime difficoltà, sia perché erano in parte di nuova costituzione e dovevano ancora consolidarsi prima di ripartire l'utile nelle parti richieste dal progetto, sia per le modalità attraverso cui inserire la cultura del dare in azienda.

Occorreva modificare: l'organizzazione, la gestione dell'azienda e la rendicontazione, ma come fare?

Per cui il bureaux, prima menzionato, ha avuto un bel lavoro da svolgere, soprattutto durante i primi tempi del progetto. Il primo risultato è stato infatti l'impostazione e la diffusione della prima versione delle Linee per condurre l'Impresa, che dal 1997 al 2008 hanno orientato la gestione delle aziende EdC [40].

Dal 2008 sono state predisposte le nuove linee per condurre le aziende EdC in modo da rendere ancora più evidenti

[39] Per capire la difficoltà di attuare tale progetto, prendiamo una parte del discorso di Chiara Lubich, in occasione della Laurea *honoris causa* in Economia - Università di Piacenza, 1999: «Pur non essendo esperta di problemi economici, ho pensato che si potevano far nascere… delle aziende, in modo da impegnare le capacità e le risorse di tutti per produrre insieme ricchezza a favore di chi si trovava in necessità. La loro gestione doveva essere affidata a persone competenti, in grado di farle funzionare efficacemente e ricavarne degli utili. Questi dovevano essere messi liberamente in comune. E cioè…: aiutare i poveri e dar loro da vivere, finché abbiano trovato un posto di lavoro. Un'altra parte per sviluppare strutture di formazione per "uomini nuovi" (…). Un'ultima parte, certo, per incrementare l'azienda» (dal Discorso di Chiara Lubich - Piacenza - 29 gennaio 1999, p. 6).

[40] Pelligra - Ferrucci (2004), p. 212.

le loro caratteristiche gestionali ed organizzative. Esse si basano sui seguenti punti principali:

1. imprenditori, lavoratori ed impresa;
2. il rapporto con i clienti, i fornitori, i finanziatori, la società civile e i soggetti esterni;
3. etica;
4. qualità della vita e della produzione;
5. armonia nell'ambiente di lavoro;
6. formazione ed istruzione;
7. comunicazione [41].

Da questi aspetti si possono desumere alcuni modelli manageriali, tra cui quello che prende in esame i pilastri del dialogo, della fiducia e della reciprocità, come si può leggere nel caso presentato nel successivo capitolo.

Una seconda importante tappa nella storia dell'EdC è stata nel 1999 con la predisposizione condivisa del Manifesto per un agire economico di comunione (www.edc-online.org), in cui coloro che si occupavano di EdC: studiosi, studenti e imprenditori, si riconoscono portatori di una cultura nuova, che influenza tutte le discipline scientifiche.

L'applicazione di questi principi orientanti la gestione è stata parallelamente promossa attraverso la creazione di "Scuole per imprenditori" e di altre iniziative di formazione, che, dal 2001, preparano i manager orientandoli in primo luogo ai valori portanti del progetto e in secondo luogo istruendo gli imprenditori e i manager all'ottimo utilizzo degli strumenti di governo dell'azienda. Le Scuole per gli imprenditori diventano, allo stesso tempo, un'occasione per lo scambio di esperienze e di condivisione della vita aziendale, in una logica di crescita reciproca.

[41] Sulle linee guida si veda il sito: www.edc-online.org.

Successivamente si è pensato a come tradurre queste linee in orientamenti per la consulenza e per fornire strumenti adeguati a questo, di cui un tentativo interessante è contenuto nel metodo Rainbowscore (Golin - Parolin, 2003).

Dal 2000 in poi, in particolare, ci si orienta invece a creare una cultura nuova anche in relazione al rapporto azienda, globalizzazione e sostenibilità, affermando con forza che la cultura aziendale può modificare quella antropologica ed in questo modo fornire le basi ai governi per una via alternativa allo sviluppo (Catturi, 2004).

Per rendere più visibile l'esperienza imprenditoriale delle aziende EdC si sono costruiti i Poli industriali, che sono sorti prima in Brasile e successivamente si sono diffusi in diverse parti del mondo, cioè: Italia-Loppiano, in Argentina, in Belgio, in Portogallo e negli USA.

Dopo aver considerato alcune tappe dell'evoluzione delle aziende EdC, nel prossimo paragrafo sintetizziamo i risultati qualitativi e quantitativi di alcune ricerche.

I.5. Le linee evolutive delle aziende EdC attraverso la ricerca empirica [42]

All'attuale stato dell'arte l'Economia di Comunione è una realtà globale; infatti, secondo le ultime stime, la maggioranza delle imprese si trova in Europa in cui abbiamo circa 413 aziende, di cui 235 Italia, segue l'America del Sud con 209, l'America del Nord con 35, l'Asia con 25, il Medio Oriente con 2, l'Africa con 2 e l'Australia con 2.

[42] Si ringrazia la collaborazione della Dott.ssa Costanza Segura per il prezioso contributo nella fase di somministrazione dei questionari e delle interviste.

Dall'evoluzione avvenuta negli anni passati, possiamo ricavare alcune considerazioni interessanti, tra cui quelle che le primissime imprese, che hanno aderito al progetto nei primi anni Novanta, erano principalmente imprese già da tempo esistenti, che hanno modificato i loro processi gestionali in risposta al progetto.

Inoltre, già dal '94 è ravvisabile la tendenza alla costituzione di nuove imprese, che sono nate in risposta al progetto EdC superando numericamente quelle preesistenti che hanno aderito immediatamente nell'anno di lancio del progetto.

Dal 1992 al 1996 si è avuto un periodo di notevole espansione in termini numerici delle aziende aderenti e si sottolinea che nel recente quinquennio si sono costituite numerose nuove imprese e altre, di precedente costituzione, hanno deciso di aderire.

Infine gli imprenditori EdC preferiscono la piccola e media dimensione, perché è più snella e flessibile e rende più agevole la creazione e lo sviluppo di beni relazionali (Gui - Sugden, 2005). In questo modo permette anche lo sviluppo di una modalità orizzontale di governo meglio rispondente agli orientamenti del progetto [43].

Definiti gli aspetti salienti delle modalità di gestione delle aziende EdC, nel prossimo paragrafo evidenziamo alcuni risultati delle ricerche empiriche di come vengono applicate operativamente.

[43] Riportiamo in merito a quanto detto sopra dalle testimonianze dirette degli stessi imprenditori EdC: «La piccola azienda è più competitiva e funzionale, i rapporti umani diretti la rendono inoltre efficace e facilmente gestibile», e ancora: «La dimensione attuale dell'azienda ci permette di attuare lavorazioni di alta qualità, assicurando la genuinità».

I.5.1. *L'applicazione delle linee per condurre l'impresa: i risultati della ricerca empirica* (di *Renato Medei*)

In questo paragrafo riportiamo i risultati della ricerca empirica in merito alla rispondenza rispetto ad alcune delle linee guida per condurre un'impresa EdC. I dati e le interviste, che di seguito riportiamo, sono parte di un'indagine condotta attraverso la somministrazione di questionari [44] a tutte le aziende EdC italiane [45].

Seguendo la prima linea *Imprenditori, lavoratori, impresa*, possiamo evidenziare che tali aziende vengono gestite direttamente dagli stessi imprenditori anche se l'89% degli intervistati ha dichiarato di rendere anche altri soggetti partecipi del processo decisionale.

Il numero di dipendenti, assunti in queste aziende, è in media intorno alle undici unità, e il turn over dei dipendenti è abbastanza basso, inoltre quasi l'85% della forza lavoro è assunta con un contratto a tempo indeterminato. I risultati analizzati si ripercuotono positivamente sulla qualità della vita all'interno di queste aziende.

Inoltre ci sembra interessante evidenziare che gli imprenditori EdC hanno una visione ottimistica nelle possibilità di sviluppo futuro delle loro aziende e l'85% degli intervistati ritiene l'attuale dimensione aziendale sufficiente per competere sul mercato.

[44] L'indagine è stata avviata nel 2002 e tenta di dare una descrizione del modo di "essere" azienda per gli imprenditori EdC; essa è composta da un questionario unico, composto da circa 100 domande che prendono in esame tutti gli aspetti salienti di un'analisi economico-aziendale dell'EdC.

[45] Nel 2003 in Italia risultavano attive centoventi aziende di dimensione variabile, localizzate principalmente al nord e al centro della penisola, anche se una discreta presenza è ravvisabile anche nel mezzogiorno italiano. Operano principalmente nel campo dei servizi alle imprese e alle persone (38%), seguono poi commercio (18%), artigianato (15%) e agro-alimentare (11%).

Il mercato ci orienta a presentare i risultati relativi alla seconda linea guida: *rapporto con i clienti, i fornitori, la società civile e i soggetti esterni.* In relazione a questo gli imprenditori non hanno dubbi nel considerare positivo il giudizio che la clientela ha della loro azienda, poiché tendono produrre beni e servizi di qualità costruendo un rapporto duraturo e stabile nel tempo con i clienti. Alcuni notano una certa qualità dei rapporti umani interni, qualità che si ripercuote in modo positivo anche all'esterno [46].

Invece nei confronti delle amministrazioni locali il 55% dà un giudizio positivo lasciando spazio nelle altre risposte a suggerimenti su come migliorare la loro partecipazione allo sviluppo del territorio.

La competitività e la concorrenza vengono considerate positivamente dalle aziende EdC e rispetto ai concorrenti il 23% degli intervistati li ha giudicati *stimolanti* mentre il 15% *collaborativi*, il 30% è concorde nel ritenerli interessati al solo profitto.

Riguardo alla terza linea guida: *l'etica*, possiamo affermare che è comunemente sentita da tutti gli imprenditori ma anche dai lavoratori delle aziende EdC come un obiettivo [47] della gestione. Nessun dubbio condiziona tali operatori sulla possibilità di percorrere una via economica eticamente orientata

[46] Alla domanda *Quale crede sia il giudizio che gli esterni danno all'azienda?*, tutti gli intervistati hanno risposto positivamente, motivando con i giudizi che di seguito riportiamo: «Per la sua riconosciuta correttezza pluridecennale... perché vedono un team ben affiatato e attenzione per gli altri operatori... per la correttezza nei rapporti... perché vediamo il rapporto che si è costruito nel tempo con i nostri clienti... Positivo, per la qualità dei servizi offerti, e per la professionalità... Positivo, per la qualità e l'affidabilità dei prodotti».

[47] Alla domanda *Si ritiene che l'azienda sia gestita in modo etico?*, le risposte ricevute sono state per la totalità «Sì, crediamo che sia importante riportare alcune delle motivazioni alle risposte... Sì, ce lo poniamo come obiettivo... Sì, perché ci impegniamo giorno per giorno a questo riguardo».

(Baldarelli, 2005). Molti imprenditori hanno motivato la loro risposta completandola con le seguenti affermazioni: «poiché per la mia esperienza gli obiettivi egoistici hanno sempre portato al fallimento... L'etica non è contro l'economia, la rende più vicina alle esigenze dell'uomo... è un investimento».

Le principali ripercussioni di una gestione aziendale eticamente orientata sono riscontrabili nell'*armonia creata nell'ambiente di lavoro* e il 90% degli imprenditori, infatti, cerca un rapporto duraturo con i dipendenti, perché è convinto che nel lungo termine questo potrà diventare un plusvalore per l'impresa [48].

Ogni azienda, sinergia di uomini diversi, ha un suo modo di integrare le varie personalità al fine di organizzare un gruppo di lavoro coordinato e coeso. Un gruppo che trovi nell'azienda una "seconda dimora", non a caso alcuni imprenditori tengono a condividere particolari esperienze, non solo con i loro dipendenti ma anche con le famiglie degli stessi. In generale, comunque nella maggioranza delle aziende, gli imprenditori tendono a perseguire la via dell'armonizzazione attraverso il coinvolgimento: «Valorizzando le persone... Tenendo a valorizzare le specificità positive di ogni singolo... Si cerca di vivere l'unità nei rapporti personali, venendo incontro alle varie esigenze... Tramite il coinvolgimento nelle scelte delle tecniche di lavorazione etc... Motivando, incentivando, responsabilizzando, dando la possibilità di entrare a far parte della società... Con il coinvolgimento dei familiari in momenti ricreativi comuni».

Quanto esposto ci permette di delineare una realtà dinamica, fortemente ancorata a un saldo sistema dei valori, siste-

[48] Alla domanda *L'azienda punta alla creazione di un rapporto duraturo e costruttivo con i suoi dipendenti?*, gli intervistati hanno risposto «Sì, per creare un clima di serena amicizia, fonte anche di più efficiente collaborazione... Per costruire una realtà che duri nel tempo non sono sufficienti la passione e l'impegno di chi dà il via all'azienda... Riteniamo che il rapporto sia un plusvalore aziendale... Sì, poiché è il bene principale dell'azienda».

ma che viene a permeare tutta la gestione aziendale in ogni decisione sia essa strategica, tattica, e operativa. Tali imprese non cercano solamente di massimizzare il loro profitto ma tendono a qualcosa di più importante, dimostrare cioè che una gestione economica, sociale ed etica, largamente condivisa dai soggetti aziendali, è attuabile.

Non possiamo che concordare con chi definisce queste imprese come un'anticipazione dell'economia che sarà, ma ci piace pensare che abbiamo contribuito a evidenziare che l'EdC è già all'attuale stato dell'arte un valido esempio di Economia Civile [49].

I.5.2. *Esiste coerenza tra* mission *e* governance *nelle aziende EdC?*

La ricerca, che presentiamo, è stata effettuata nel 2009 e analizza il grado di applicazione dei principi ispiratori dell'EdC prendendo in esame la coerenza tra la *mission* e la *governance* nella gestione aziendale.

Dai risultati si possono evincere alcune considerazioni, che rappresentano elementi essenziali per la progressiva comprensione del progetto che, tempo per tempo, si svela nella storia e in parte cambia con essa.

Per dare una quantificazione al fenomeno, si è attribuito un punteggio progressivo: da 1 a 5 all'importanza che gli stessi intervistati attribuiscono ai vari aspetti che sono contenuti nel questionario [50].

In relazione alla consistenza del fenomeno nel 2009 in Italia erano presenti circa 230 aziende, che sono distribuite in diverse regioni del paese. Tra queste riportiamo di seguito la tabella relativa alle aziende, che abbiamo coinvolto nell'indagine:

[49] Su tale concetto si rinvia a: Bruni - Zamagni (2004); Baldarelli (2005).
[50] I risultati sintetici sono riportati nell'appendice.

TABELLA 1 - DISTRIBUZIONE GEOGRAFICA DELLE AZIENDE EDC INDAGATE

Zona geografica	n. Aziende contattate	n. Aziende che hanno risposto	n. Aziende che hanno compilato
BOLOGNA	28	15	6
CASTELLI ROMANI	3	1	0
CATANIA	17	8	4
FIRENZE	24	12	6
MILANO	24	10	10
NAPOLI	6	3	2
ROMA	7	1	1
SARDEGNA	4	1	2
TORINO	40	11	7
TRENTO	15	13	5
TOTALE	168	75	43

Si è provveduto ad articolare per dimensione le 43 aziende che hanno risposto al questionario evidenziando che le micro raggiungono il 73%, le piccole sono il 18,60% e quelle di media dimensione rappresentano il 9%.

TABELLA 2 - DISTRIBUZIONE DELLE AZIENDE PER DIMENSIONE

Micro (meno di 10 occupati) **31 IMPRESE** Imprese individuali 12 Micro imprese 19	**Piccola** (meno di 50 occupati) **8 IMPRESE**	**Media** (meno di 250 occupanti) **4 IMPRESE**

Il questionario è articolato in domande più specifiche che riguardano gli aspetti seguenti: azienda e lavoro; azienda, dialogo e comunicazione; azienda ed etica; azienda e ambiente; qualità della vita e della produzione.

Dai risultati ottenuti emerge la tendenza generale verso i punteggi più alti (4 e 5), ciò significa che il grado di coerenza tra la *mission* e la *governance* è elevato. Inoltre da essi si evince l'importanza attribuita ad ogni aspetto esaminato confermando un forte impegno delle aziende a sviluppare il rapporto *mission-governance* secondo le linee guida del progetto.

Dopo aver analizzato alcuni risultati generali focalizziamo l'attenzione sulle diverse tipologie di *stakeholder* iniziando dal lavoro umano, da cui si evince che è effettivamente valorizzato dando molta importanza ai legami e alle relazioni che si instaurano fra tutti i componenti dell'azienda di qualsiasi livello gerarchico.

Inoltre il coinvolgimento dei lavoratori è fondato su un rapporto di fiducia, che getta le basi per una partecipazione attiva all'interno delle aziende ed una particolare attenzione è dedicata all'ambiente di lavoro ed alle situazioni di disagio personale e/o familiare.

Inoltre gli imprenditori pongono come elemento di primaria importanza il tempo da dedicare all'ascolto dei membri dell'azienda e affermano che vengono creati spesso spazi temporali per il dialogo (Argiolas, 2009b).

Da una testimonianza abbiamo compreso come il dialogo richieda ogni giorno una forte tenacia ma produce risultati, come si può leggere di seguito: «Questo lavoro ci ha permesso inoltre di avere contatti con persone del tutto diverse sia per cultura, che per nazionalità. Quasi ogni giorno capita chi ti vuol vendere un piccolo oggetto, chi cerca lavoro e ti lascia il proprio recapito per essere rintracciato. Anche queste circostanze sono sempre state vissute come momenti interni alla vita dell'azienda».

Passando al rispetto dell'ambiente, si nota che pur essendoci l'attenzione ad esso, questo aspetto non è adeguatamente rendicontato e comunicato all'esterno come emerge dalle seguenti parole, che riassumono l'andamento generale: «La nostra azienda, nata 12 anni fa, è stata impostata sin dalla nascita seguendo le linee guida proposte dal progetto EdC e come imprenditore traggo gli stimoli da queste per portarla avanti e svilupparla. È un'azienda familiare, attualmente siamo 4 persone occupate ...Siamo nel settore agricolo-zootecnico, l'azienda è ancora in evoluzione pertanto sino ad ora non è stato possibile devolvere degli utili, va anche considerato che in agricoltura le variabili, che possono incidere sul bilancio, sono molte, soprattutto se alla base c'è la scelta di lavorare rispettando l'ambiente e senza fare forzature sugli animali. Il metodo biologico adottato consente di ottenere prodotti più salubri e con minor impatto ambientale ma con rese molto minori per cui pensare ad un utile può apparire un'utopia, ma abbiamo già sperimentato più volte come il "socio invisibile" (la provvidenza) interviene e... "suggerisce soluzioni a sogni ritenuti irrealizzabili". Questo attualmente può essere già ritenuto un "utile": rimanere fedeli a questo progetto, creando occupazione in questo settore, creando interesse nei giovani, rispettando le leggi e soprattutto rimanere in attivo».

In relazione al rapporto tra azienda ed etica, i risultati dimostrano che all'interno e all'esterno le aziende agiscono coinvolgendo fortemente questo aspetto.

In relazione all'area relativa all'azienda, qualità della vita e produzione; dai risultati possiamo riscontrare che l'attenzione alle logiche competitive del mercato deve essere affinata meglio, in quanto occorre, di volta in volta, trovare il giusto equilibrio tra l'efficienza e la comunione.

Inoltre risulta ottima la valutazione dei rapporti con clienti e fornitori notando un loro miglioramento proprio successivamente all'ingresso dell'azienda nel progetto EdC.

Infine la tensione a rendere felici coloro che acquistano i beni e/o i servizi si manifesta anche nella produzione degli stessi. Tale orientamento si desume dalla capacità di "mettersi nei panni dell'altro", cioè di cercare di capire in profondità le richieste e le esigenze della clientela. La percentuale che emerge dall'analisi sul campo è infatti del 75% e tale propensione, sempre secondo gli imprenditori, porta a migliorare i rapporti anche all'interno dell'azienda rendendo la gestione più agevole e i risultati più consapevolmente raggiungibili.

Dopo aver presentato alcuni risultati delle ricerche empiriche effettuate e ancora in corso sulle aziende EdC, si prosegue nel prossimo capitolo presentando un caso, che ha in sé i prodromi del progetto.

II. Agli albori dell'EdC tra valore "prodotto" e valore "riconosciuto" nella Cooperativa Loppiano Prima [1]

II.1. L'azienda Loppiano Prima: tra paradossi e "valori"

In questo capitolo la nostra attenzione si concentra sull'analisi del caso «Loppiano Prima - cooperativa agricola a responsabilità limitata» [2]. Tale azienda si colloca nella categoria delle cooperative mutualistiche e sviluppa, nello specifico contesto di cui è parte, un rapporto talmente stretto da renderla vitale per lo sviluppo del territorio circostante e allo stesso tempo le permette di trarre, in diverse forme, il sostegno per sopravvivere anche alle più gravi difficoltà.

L'analisi empirica è stata effettuata attraverso la lettura dei verbali dei consigli di amministrazione e delle assemblee dei soci dell'azienda, dove è possibile riscontrare la dinamica aziendale concreta, soprattutto dal punto di vista delle modalità di governo ma anche nella definizione degli obiettivi.

[1] Pur essendo il lavoro frutto di riflessioni congiunte, a Maria-Gabriella Baldarelli sono da attribuire i paragrafi 1, 2, 4, 5, 6; a Caterina Ferrone il paragrafo 3.

[2] Non si può comprendere il legame che l'azienda ha con il progetto EdC se non si fa riferimento all'intuizione originaria della fondatrice del Movimento dei Focolari Chiara Lubich. Intuizione che risale agli anni '60 quando la stessa stava guardando dall'alto l'abbazia benedettina di Einsiedeln-Svizzera. In quel momento, vedendo il complesso di case e terreni che circondava il Santuario mariano, affiorava un'altra immagine e citiamo testualmente: «Davanti a quella splendida visione affiorò nei nostri cuori un'altra immagine: il sogno di una cittadella moderna vera e propria, con case, padiglioni, industrie, aziende, dove testimoniare il nostro ideale di unità… alcuni anni dopo, a Loppiano (nel comune di Incisa in Val d'Arno - Firenze) sorgeva la prima delle nostre cittadelle…» (Lubich, 2001b, p. 10).

Inoltre la lettura dei documenti è stata accompagnata dalle interviste dirette ai diversi responsabili aziendali e dalle visite in azienda, che ci hanno dato occasione di comprendere in modo approfondito alcuni aspetti della realtà in parola. Inoltre è seguita la rielaborazione dei dati contabili e di bilancio, per evidenziare alcuni andamenti, che si sono dimostrati interessanti non soltanto dal punto di vista economico e finanziario.

Per agevolare il dispiegarsi delle riflessioni l'evoluzione dell'azienda è stata suddivisa in fasi temporali in base al collegamento dei diversi accadimenti ambientali con quelli aziendali, che rendono ciascun periodo diverso dall'altro.

In relazione a questo, abbiamo individuato tre periodi, di cui il primo riguarda la fase istituzionale, il secondo comprende la fase di consolidamento ed il terzo periodo descrive la fase di trasformazione dell'azienda in parola.

La Loppiano Prima, che dal 2004 per il ramo agricolo assunse la denominazione di Fattoria Loppiano, ha sede a Loppiano, Località Tracolle, nel comune di Incisa Valdarno, in provincia di Firenze[3].

[3] Inizialmente l'attività agricola rappresentava soltanto quella della filiale di Loppiano; dal 25 aprile 1983 la sede legale della Cooperativa Loppiano Prima - cooperativa agricola a responsabilità limitata venne trasferita definitivamente da Milano a Loppiano (2° libro verbali CdA, pp. 265-269, 1983), come si legge: «Punto 1. "È costituita fra cittadini italiani, che intendono promuovere esperienze comunitarie, una cooperativa agricola – società a responsabilità limitata – con sede in Incisa Valdarno (FI) - Località Tracolle, 2, con la denominazione *Cooperativa Loppiano Prima S.r.l.* 2. (...) Essa potrà inoltre: a. svolgere attività connesse e integrative dell'attività agricola (...); b. acquistare terreni ed immobili e ristrutturarli e compiere qualsiasi operazione utile e necessaria per il conseguimento degli scopi sociali, anche associandosi ad altre cooperative"; 3. "(...) Onde provvedere alle necessità della cooperativa il CdA potrà chiedere ai Soci prestiti in denaro con la durata e le modalità disciplinate da apposito regolamento"; 4. "(...) Poiché nessun dividendo potrà essere ripartito tra i soci, gli eventuali avanzi saranno così ripartiti: a. al fondo riserva legale, il 20%; b. a scopi di natura sociale contemplati nel presente Statuto, il restante 80%. L'Assemblea può tuttavia deliberare che, in deroga a quanto sopra, ma in ogni caso riservando almeno

Nel 2004, ultimo esercizio amministrativo prima della riorganizzazione, presentava un fatturato di 479.426,00 euro, un capitale sociale di 1.145.950,00 ed 11 dipendenti a tempo indeterminato, dei quali 5 sono i responsabili dei principali settori dell'azienda, 4 sono gli operai addetti a: agricoltura, agriturismo, imbottigliamento ed uno addetto alle attività amministrative. A essi si aggiungono i lavoratori stagionali, che sono utilizzati in occasione delle raccolte dell'uva e dell'olio, nei vari periodi dell'anno.

L'azienda inoltre è caratterizzata da una base comune di valori, che sono condivisi da tutti i suoi componenti, anche se a volte provengono da nazioni diverse, da differenti estrazioni religiose.

L'interesse al caso di ricerca [4] analizzato deriva da diversi aspetti, tra cui la simbiosi con l'ambiente, la cui cultura antropologica (Ciambotti, 2000, p. 88) era ed è molto favorevole all'espansione delle relazioni di reciprocità (Bruni, 2006b).

il 20% al fondo di riserva legale, tutto o parte degli avanzi risultanti dal Bilancio sia devoluto allo stesso fondo di riserva legale o a un fondo di riserva straordinario. Le riserve, legale o straordinaria, non possono essere ripartite tra i Soci sotto qualsiasi forma né durante la vita della Società, né all'atto dello scioglimento"; 5. "Nel caso di controversie che potessero sorgere tra i Soci e la Cooperativa o fra i Soci medesimi, in sede sia di applicazione sia di interpretazione dell'atto costitutivo dello Statuto e degli eventuali regolamenti, nonché per tutti gli atti a ciò conseguenti, le stesse saranno rimesse alla decisione dell'apposito Collegio dei Probiviri, i quali agiranno con giudizio...". Il territorio della Fattoria Loppiano, ha una superficie catastale di ha 97.77.60 di cui 15.71.00 coltivati a vigneto, ha 14.40.50 ad oliveto, ha 41.06.10 a seminativo ed ha 5.50.00 di incolti. La stessa cooperativa ha inoltre in affitto ulteriori 130 ha di terreno coltivati a vigneto, oliveto e seminativo per un totale di ha 221.36.95».

[4] In merito alla definizione di caso di ricerca, si legga: «Research cases are developed in much the same manner as teaching cases. The main difference is that the researcher starts with a specific purpose in mind, whereas some excellent teaching cases have been written primarily because information was available» (Naumes - Naumes, 2006, p. 65). La Loppiano Prima, nell'approfondimento dell'analisi si è dimostrata un caso speciale e di ricerca.

Infatti questo caso si è sviluppato attraverso un sostegno reciproco tra territorio e azienda, dove la cultura antropologica e la cultura aziendale sono cresciute in parallelo, in modo molto articolato, tanto da rendere necessaria nel 2004 una profonda trasformazione dell'azienda in parola, per permettere alla stessa di mantenere la sua identità di azienda agricola e allo stesso tempo, di dimostrare concretamente lo sviluppo che si era verificato negli anni.

La *mission* dell'azienda è infatti di «...promuovere esperienze comunitarie, anche attraverso l'approntamento di idonei alloggi e luoghi di incontro nonché con l'esercizio di attività agricole (olio, vino, miele, grappa) ed artigianali, valorizzando le attività stesse e cedendone i prodotti particolarmente ai soci» (Articolo 3 dello statuto).

Sin dal momento della sua costituzione attraverso la veste giuridica di cooperativa, fu promossa una forma diffusa di partecipazione al capitale tra le persone che volevano aderire ai principi e al modo di lavorare e di produrre dell'azienda specificatamente indicato nello statuto. Fu così che, partendo dai 100 soci iniziali, se ne annoverano, all'attuale stato dell'arte, oltre 4.000 [5].

Inoltre, per avere più chiara la *mission* dell'azienda, nei verbali dei consigli di amministrazione così si legge: «Il Consiglio (di amministrazione) raccomanda, infine, che in tutte le azioni svolte dalla Cooperativa, sul piano agricolo... tenga sempre ben presente che le finalità della Cooperativa non si esauriscono sul piano economico. L'aspetto economico dovrà essere sempre pre-

[5] Tra le tappe fondanti l'attività della Loppiano Prima si ricordano la data e il luogo della sua fondazione: 19 maggio 1973 a Milano (come da relativo verbale) ed inoltre la data del 18 maggio 1974, in cui il consiglio di amministrazione decise l'istituzione di una "Filiale con ampia autonomia decisionale e contabile a Loppiano - Incisa Valdarno" come si legge dal medesimo verbale ed inoltre il 4 luglio 1993 quando assunse la fattispecie di cooperativa agricola a tutti gli effetti con sede a Loppiano.

sente in ogni atto a garanzia della stabilità finanziaria della Cooperativa stessa, ma mai come unico elemento determinante».

Possiamo perciò affermare che, al di là della produzione agricola, l'azienda si pone obiettivi che vanno ben oltre tale attività, ciò attraverso il continuo operare a favore del territorio circostante con le più disparate attività: ristrutturazioni, trasporti e giardinaggio, costruiscono nel tempo questo rapporto strettissimo. Il dipanarsi di questo rapporto crea sovente problemi all'azienda in merito ai suoi confini, che spesso sembrano sfumati, in quanto la condivisione del personale, che deve svolgere i lavori fuori dall'azienda per solidarietà con il territorio, sottrae tale tempo alle incombenze agricole.

Questi ulteriori servizi sono spesso motivo di indecisione ed anche di valutazione del costo del servizio prestato all'esterno e della determinazione della misura da utilizzare per definire la parte che deve confluire nella solidarietà e quella che deve essere fatturata all'esterno come prestazione di servizi.

Analizzati gli aspetti relativi alla definizione degli obiettivi, passiamo ora a delineare alcuni aspetti della *governance* dell'azienda in parola, in cui emerge una propensione del consiglio di amministrazione ad ingenerare e diffondere fiducia a tutti i livelli aziendali accanto all'incremento delle relazioni interne all'azienda ed esterne ad essa a livello nazionale ed internazionale, attraverso forme di accoglienza di coloro che permangono a Loppiano per motivi di lavoro, formazione o altro. Ciò anche con la partecipazione a diverse iniziative internazionali, quali mostre ad hoc, oppure le visite ai locali più antichi della cantina.

Da questo punto di vista, la Loppiano Prima è un esempio di come questi aspetti sono stati recepiti sin dall'inizio, infatti al di là della *governance* formale, il ruolo di "consiglieri esterni" è stato sempre considerato fondamentale.

Il luogo primario delle decisioni, oltre all'assemblea dei soci, che si riunisce soltanto una volta durante l'esercizio amministrativo a causa della numerosità dei soci, è il consiglio di amministrazione, in cui viene verificato l'andamento dell'azienda, sia dal punto di vista manageriale, sia dal punto di vista etico e sociale.

Infatti, durante le riunioni del consiglio di amministrazione si sottolinea spesso che la *mission* dell'azienda è quella di migliorare le relazioni ed il rapporto tra le persone. Inoltre ci si confronta, soprattutto all'attuale stato dell'arte, tra diverse generazioni per decidere insieme sulle prospettive strategiche dell'azienda.

Per chiarire ancora il processo di *governance* aziendale, riportiamo di seguito l'organigramma aziendale e la mappa degli *stakeholder*

ORGANIGRAMMA AZIENDALE AL 2004

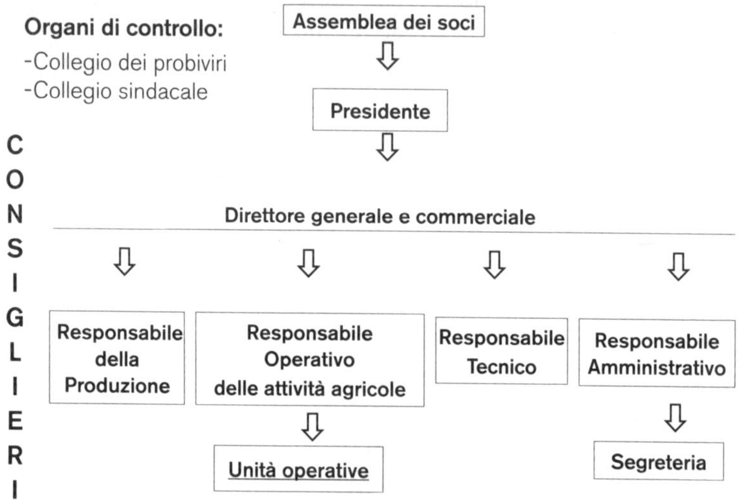

MAPPA DEGLI STAKEHOLDER DELLA COOPERATIVA LOPPIANO PRIMA

Tra gli altri *stakeholder* è il personale quello più importante dal punto di vista della partecipazione alla *governance*. Infatti lo stesso, dopo l'assunzione, prosegue il rapporto con l'azienda attraverso colloqui, anche informali, che saggiano a fondo l'ambiente di lavoro condividendo i problemi personali e familiari.

Per rendere propulsivo il coordinamento con le realtà del territorio di Loppiano, in cui l'azienda opera, è stata costituita, sin dai primi anni di attività, la commissione «Vita a Loppiano», che ha lo scopo di creare una base maggiore di condivisione societaria nelle decisioni sociali e, come si legge in un verbale del 1974, ha lo scopo di: «curare il rapporto tra i soci lavoratori, i dipendenti, i vicini, le autorità locali , ... curare che le condizioni di lavoro, gli stipendi, le abitazioni ed ogni altro elemento relativo alla vita dei soci lavoratori, dei dipendenti e dei soci che, per lavoro o per altro motivo, fossero presenti a Loppiano per lunghi periodi, corrispondano alle esigenze fondamentali di giustizia ed equità e alle finalità della cooperativa».

In particolare, possiamo sottolineare la partecipazione attiva e consapevole dei dipendenti attraverso l'istituzione delle commissioni di lavoro, tra cui: la commissione agricola, la commissione commercializzazione, la commissione officina, la commissione edilizia, la commissione contabilità e la commissione finanziaria.

Inoltre, progressivamente il ruolo del territorio e degli istituti di credito è cresciuto ed ha assunto notevole rilevanza nel governo dell'azienda, diventando anche presenza attiva e visibile nel consiglio di amministrazione.

Nel procedere per approssimazioni successive, rispetto ai diversi periodi, ci proponiamo di soffermare l'attenzione su alcuni caratteri, che abbiamo riscontrato particolarmente evidenti nell'azienda in parola e che stanno assumendo notevole rilevanza anche dal punto di vista teorico. Tali dimensioni riguardano: il dialogo, la fiducia e la reciprocità (Argiolas, 2009b).

Il dialogo è inteso come dialogo vero, che genera in sé la fiducia, è frutto di un'attenzione e di una relazione positiva e sincera. Dialogo che non si costruisce senza l'ascolto e la condivisione con il soggetto con cui stiamo parlando, per cui non si tratta di una relazione soltanto contrattuale ma cerca di andare oltre e sviluppare un rapporto, che coinvolge tutta la persona.

Il significato del dialogo si comprende meglio se facciamo riferimento all'importanza dei beni relazionali, che possono essere spiegati in questo modo: «...il bene relazionale è un bene dove la relazione è il bene, una relazione che non è un incontro di interessi, ma un incontro di gratuità. Il bene relazionale richiede motivazioni intrinseche nei confronti di quel particolare rapporto» (Bruni, 2006a, p. 87). In questo senso alcuni studiosi mettono in rilievo l'importanza delle relazioni interpersonali, sino a fornirne una vera e propria tassonomia evolutiva sottolineando le diverse implicazioni positive, anche dal punto di vista economico, che queste comportano.

A questo proposito, non si deve dimenticare una tendenza importante, rappresentata dalla progressiva diminuzione di beni relazionali, che ha portato alla presenza dei nuovi "poveri", che hanno molti beni posizionali, ma sono scarsi di relazioni vere e per questo infelici (Bruni - Porta, 2006). Da ciò deriva che la presenza di "nuove povertà" relazionali tende a peggiorare e ad appiattire il sistema economico nel suo complesso e di conseguenza anche le aziende.

Il secondo aspetto che analizziamo riguarda la fiducia, la quale si genera attraverso la tipologia di relazioni appena evidenziata ed in particolare quando le parti si pongono sullo stesso livello senza il fine utilitaristico della prevaricazione dell'una sull'altra.

Inoltre per ingenerare fiducia occorre riuscire ad immedesimarsi nei problemi dell'altra parte comprendendoli sino in fondo ed è importante che la relazione si spinga oltre il sinallagma del contratto commerciale e includa la gratuità in almeno una delle due parti.

La reciprocità, secondo il modello utilizzato, individua diverse modalità di relazione, che spieghiamo con una citazione: «...ha inteso la reciprocità come il legame sociale, come i rapporti che tengono assieme le città. Questo legame è plurale, ma le sue varie espressioni hanno nell'andare-e-tornare nel dare-e-ricevere, nel donare-e restituire, nel reci-pro-cum quindi, il loro comun denominatore» (Bruni, 2006b, p. X).

Lo stesso Autore suddivide la reciprocità in tre categorie: "cauta", "philìa" e "coraggiosa". La prima viene definita in questo modo: «...i cooperatori "cauti", perché possono cooperare, hanno bisogno di "attivatori" mossi da logiche di reciprocità diverse» (*ibid.*, p. 72); la seconda tipologia di reciprocità-philìa coopera se sono presenti le seguenti condizioni: equivalenza, cioè l'adeguatezza della risposta, l'uguaglianza, la libertà, la non-transitività e la condizionalità, ovvero un punto in comune; la reciprocità "coraggiosa" invece coopera sempre: «...di questa forma di reciprocità, perché ne spiega la non condizionalità, è la presenza di una ricompensa intrinseca che l'attore ottiene dall'azione stessa, prima e indipendentemente dal risultato» (*ibid.*, p. 90). In Economia aziendale D'Ippolito nei suoi scritti tratta delle modalità di regolamento dei rapporti di interessi che sorgono tra coloro che intervengono nelle aziende e tratta del principio di reciprocità in occasione della trattazione sull'azienda familiare, che assume i salariati e vengono remunerati in base a tale principio (D'Ippolito, 1953, p. 75).

Questi tre caratteri interessano in maniera diversa i tre periodi e nei paragrafi che seguono, cercheremo di metterli in rilievo rispetto alla definizione degli obiettivi, alle modalità di governo e all'*accountability*.

II.2. La fase istituzionale e di avvio dell'attività: andamenti economici e dialogo con gli *stakeholder*

Come già accennato, il periodo più critico per la Loppiano Prima riguarda i primi 10 anni, perché deve affrontare tutte le difficoltà della fase istituzionale di un'azienda (Giannessi, 1990), sia per gli investimenti da effettuare come: l'acquisto di una fattoria funzionante, i macchinari agricoli, i mezzi di trasporto, le attrezzature varie, il personale, ecc. ma soprattutto per il fabbisogno finanziario iniziale piuttosto ingente, che la cooperativa non riesce a coprire, neanche in minima parte, con la sottoscrizione delle quote da parte del numero, seppur crescente, di soci.

Come si evidenzia dalla seguente tabella:

TABELLA 1

Evoluzione del n° dei soci

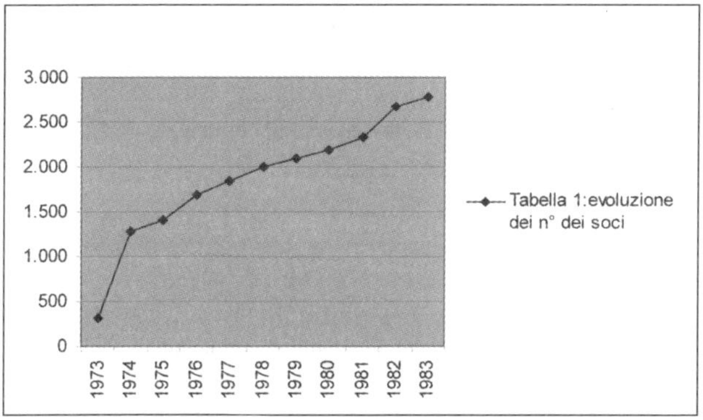

TABELLA 2

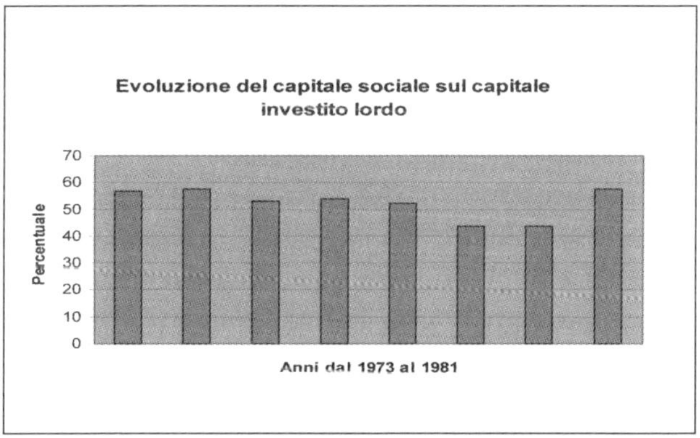

Invece la tabella appena evidenziata presenta i valori in percentuale sino al 1981 evidenziando la forte presenza del capitale proprio sul capitale investito, che tende, come vedremo successivamente, a rimanere a un livello del 50%.

Come in ogni fase di avvio di un'azienda, si presentano delle perdite economiche piuttosto continuative, che per la stessa si protraggono per tutto il decennio e sono accompagnate dal potenziale rischio di chiusura, come si evidenza nella seguente tabella.

TABELLA 3

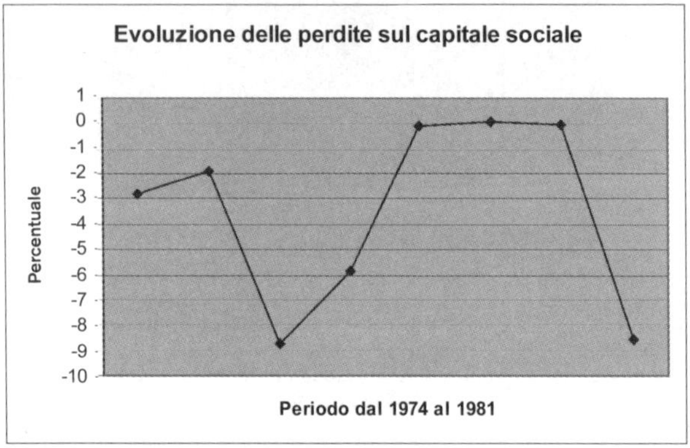

Cerchiamo di capire perché l'azienda in parola, pur tra le difficoltà economiche, non ha chiuso la sua attività e come è riuscita, tempo per tempo, a superarle.

La principale ragione si riscontra nella situazione in cui l'azienda, pur presentando una perdita economica, contemporaneamente è in grado comunque di creare valore attraverso l'investimento in relazioni. Tali relazioni tessono progressivamente una rete che inizialmente non produce risultati economici immediati ma in futuro renderà l'azienda solida e produttiva anche dal punto di vista economico.

Questo valore creato dall'azienda, attraverso le relazioni, nella fase istituzionale non è infatti riconosciuto dal mercato [6].

[6] Ci colpisce come a volte la teoria arrivi azzeccata proprio quando si sta analizzando un caso, che sembra non collocabile in nessuno dei paradigmi sino ad ora conosciuti, poi si trova qualche studioso, che ha già intravisto in modo lungimirante, dove sta andando il mondo, infatti: «Scrivo

Nella Loppiano Prima, infatti, si verifica un paradosso, in cui la cultura aziendale, espressione sintetica del "contesto", è talmente innovativa, che trasfusa nei prodotti ottenuti, il mercato inizialmente non la comprende e quindi non acquista i prodotti se non in misura minima.

Successivamente si avvia, in questo periodo, una progressiva "osmosi" tra azienda e mercato, che permette gradualmente all'azienda di "adeguarsi" con i prodotti certificati biologicamente e con la presenza strutturale di tecnici esperti. Questo permette di effettuare ad esempio i necessari controlli sulla qualità del vino adeguandosi al "linguaggio" del mercato e quindi di riuscire a ritagliare una nicchia adeguata alla sua sopravvivenza economica.

Allo stesso tempo, con gradualità ma progressivamente, trasfonde al mercato in cui opera quei valori aziendali di cui è portatrice attirando consenso e legittimazione e migliorando enormemente la sua reputazione, sia a livello sociale, sia a livello competitivo.

La creazione del valore, base di sopravvivenza nonostante le perdite, deriva dal dialogo che, sin dall'inizio, l'azienda ha instaurato con i diversi interlocutori pubblici e privati del territorio circostante.

Dialogo dimostrato anche dai verbali del consiglio di amministrazione, dove si riscontra spesso, all'ordine del giorno, un punto che riguarda le modalità di gestione dei rapporti da instaurare sia con gli enti e le associazioni della zona, sia per la prestazione di alcuni servizi. Questo disequilibrio "virtuoso" rientra nella realtà della Loppiano Prima, dove la situazione

di disequilibrio per intendere la necessità avvertita da qualunque azienda di abbandonare la sequenza puramente contabile, del tipo: valore consumato e valore riconosciuto, e di ricercare, invece, ogni possibile opportunità gestionale affinché il valore riconosciuto risulti superiore a quello consumato, in modo da creare le premesse per una continua crescita dell'organismo aziendale» (Catturi, 2007, p. 72).

contabile, che esprime il valore "consumato", si sostanzia in un valore riconosciuto di molto superiore, che forse è più difficile da misurare ma che di fatto, indirettamente, possiamo individuare. Ne è un esempio il crescente numero delle donazioni, come si può vedere dalla tabella che segue.

TABELLA 4

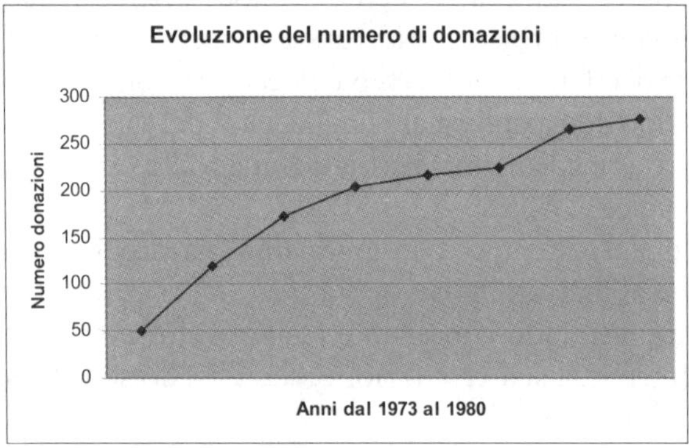

Il valore creato viene filtrato dalla cultura antropologica e, una volta diffuso, rimane una potenzialità, che potrà tradursi successivamente in vantaggio competitivo [7].

Il valore creato [8] dall'azienda comunque ed in qualche modo, prima o poi, deve essere riconosciuto dal mercato, an-

[7] In relazione a ciò: «Se dunque il valore che l'azienda offre sul mercato non è anche "riconosciuto", cioè non viene acquistato da chi intenda consumarlo, quel valore rimane come una potenzialità inespressa e l'azienda si comporta come un motore che "gira a vuoto" cioè consuma energia, ma non produce lavoro, ovvero consuma risorse, ma non consegue ricavi» (Catturi, 2007, pp. 225-226).

[8] In questo senso il valore creato può essere anche calcolato in questo modo: Valore aggiunto (prospettiva della distribuzione): Interessi passivi+fitti passivi+risultato netto+imposte+ammortamenti+salari e stipendi)+ Consumi intermedi = valore creato.

che perché altrimenti l'azienda non riuscirebbe a sopravvivere se non in condizioni di sovvenzionamento continuo da parte dell'esterno in quell'economicità super-aziendale, di cui parla Onida (1971).

Da ciò deriva che se l'azienda non consegue un risultato economico positivo è perché il mercato non riconosce questo valore creato per una serie di motivi, che dipendono principalmente dalla qualità e da una cultura che anticipa troppo i tempi e perciò non viene compresa.

Nel caso della Loppiano Prima si sono verificati entrambi questi motivi, quindi è stato necessario un consolidamento di Loppiano e lo sviluppo di una certa cultura per rendere possibile il riconoscimento da parte del mercato dei prodotti della stessa, sia nella qualità, sia nella comunicazione della cultura ad essa sottostante.

Cultura basata su una solidarietà continuativa, che si trasforma nella logica delle donazioni da parte di esterni, di prestiti concessi dai soci e di erogazioni a fondo perduto elargite dallo stato.

Per ottemperare il rispetto all'ambiente si scelgono, sin dalle origini, coltivazioni di vino e di olio con metodi che rispettano il più possibile la natura, anche se questo comporta costi più ingenti.

In relazione ai dipendenti, occorre prestare attenzione alle "spese sociali", che l'azienda si impegna ad effettuare a loro favore con continuità.

Tra le spese sociali la prima riguarda le abitazioni dei dipendenti, infatti l'azienda si impegna anche a trovare l'alloggio per coloro che decidono di trasferirsi il loco curando gratuitamente la manutenzione e la sistemazione delle case adibite a questo scopo e da lungo tempo abbandonate (Verbale del 21 giugno 1975).

La seconda spesa riguarda la particolare attenzione che l'azienda presta anche al numero dei figli e alle esigenze degli stessi, attraverso scelte anche poco "economiche", che però rientrano in quella base di valori e di rispetto della persona, di cui abbiamo parlato; infatti si legga (in presenza di un calo del 30% della produzione di vino): «Il consiglio esamina la situazione stipendiale dei lavoratori dipendenti (soci e non) e considera necessario avviarsi verso una differenziazione delle retribuzioni, che tenga conto delle effettive necessità delle famiglie. Come primo passo delibera di integrare gli assegni familiari con una cifra di Lit. 10.000 mensili per ogni figlio a carico, in aggiunta alla normale retribuzione fino ad ora da ciascuno percepita» [9].

Inoltre nel verbale del 6 novembre del '76 si delibera l'attribuzione di un assegno per i figli dei dipendenti che studiano, da erogarsi in un'unica soluzione a dicembre.

Per cui lo ribadiamo di nuovo, si fa strada una teoria dove occorre rivalutare il "disequilibrio virtuoso", inteso come possibilità di mantenere il valore riconosciuto continuamente superiore al valore consumato [10].

II.3. La fase di consolidamento dell'attività: la fiducia e i "valori"

Il secondo periodo comprende gli anni Ottanta e si protrae sino alla metà degli anni Novanta. Si caratterizza per una serie di situazioni ancora particolarmente difficili, a causa di condizioni atmosferiche avverse, come le gelate e la siccità che hanno influenzato negativamente il raccolto e quindi i risultati economici dell'azienda.

[9] Verbale del 5 gennaio 1976.

[10] In merito è interessante: «...dell'azienda, tutta protesa a percorrere nuovi indirizzi gestionali, ad intraprendere nuove attività, a pensare e ad attivare differenti processi di produzione con l'intento di interpretare i segni dei tempi... a dominare il cambiamento, a "cavalcare il caos", nel senso di porre attenzione nel beneficiare di nuove opportunità, ad avvertire o a provocare differenti bisogni da soddisfare, ad interpretare il nuovo appena si intravede» (Catturi, 2007, p. 70).

In questo periodo non viene meno la fiducia nell'azienda, sia tra i membri della stessa, sia da parte dell'ambiente; è per questo motivo che, a differenza del periodo precedente, in cui, tra le dimensioni che abbiamo individuato, prevale quella del dialogo, in questo periodo prevale la fiducia.

Questo è dimostrato soprattutto dal comportamento dei soci, che hanno finanziato l'azienda a titolo gratuito o a titolo oneroso ma che si sono anche impegnati in prima persona all'acquisto di prodotti e alla promozione, porta a porta, degli stessi.

Come si evince dalla tabella che segue, il numero dei soci è sempre crescente a dimostrazione della continua fiducia, che si estende anche allo sviluppo dei rapporti con il sistema creditizio toscano.

Tale rapporto si sviluppa grazie all'intensa collaborazione con il territorio circostante, che diventa un centro di formazione permanente e di accoglienza di persone di età differenti e di diversa estrazione religiosa, che vengono da tutto il mondo per trovare in quel luogo un'occasione di crescita spirituale, attraverso la contemporanea formazione teorica, accompagnata dal lavoro materiale.

TABELLA 5

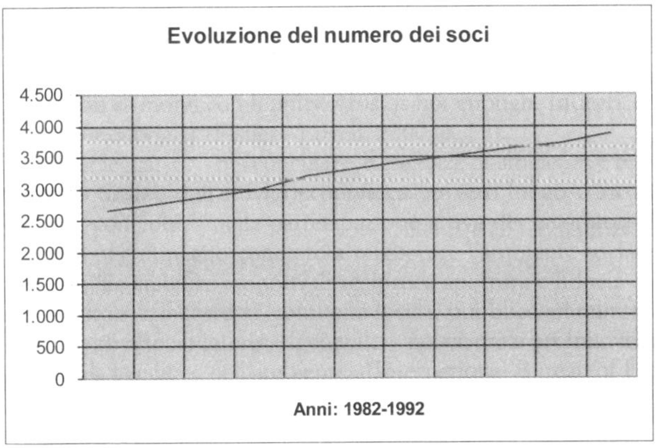

Un altro importante aspetto riguarda la comparsa dei primi utili, a dimostrazione che la cultura intrinseca alla stessa si riversa sul mercato e, dopo quasi 15 anni, è compresa dal mercato.

TABELLA 6

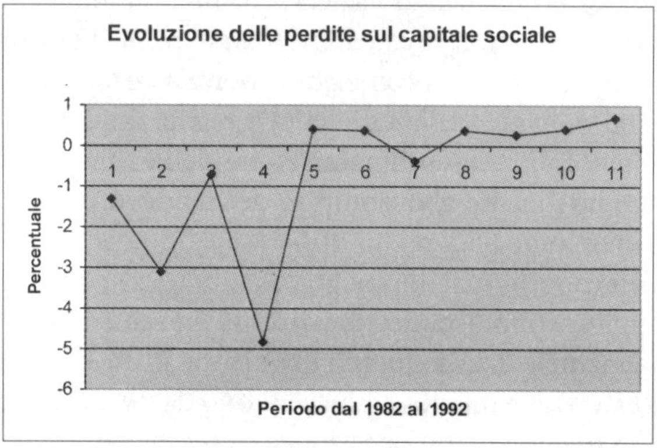

Si verifica, anche in questo caso, lo squilibrio economico "virtuoso" come nel periodo precedente, infatti l'azienda nel suo complesso, anche in condizioni atmosferiche avverse, crea valore. Inoltre le perdite, che non erano sostenibili nell'esercizio, si rinviano al futuro, a dimostrazione che comunque la cooperativa incrementa valore creato, in attesa di essere riconosciuto dal mercato.

Oltre a ciò il collegamento con il territorio circostante genera una rete di relazioni, che sostiene l'azienda e dà ad essa la possibilità di svilupparsi.

Al tempo stesso si moltiplicano i lavori di ristrutturazione e di recupero degli immobili, che hanno una notevole ripercussione anche concretamente sul bilancio dell'azienda, come si può vedere di seguito nelle due tabelle, di cui la prima evidenzia i valori in percentuale sul capitale investito, da cui si può osservare un andamento quasi costante, mentre la seconda considera le migliorie e gli immobili sul capitale investito in valori assoluti, che invece sottolinea un andamento crescente.

TABELLA 7

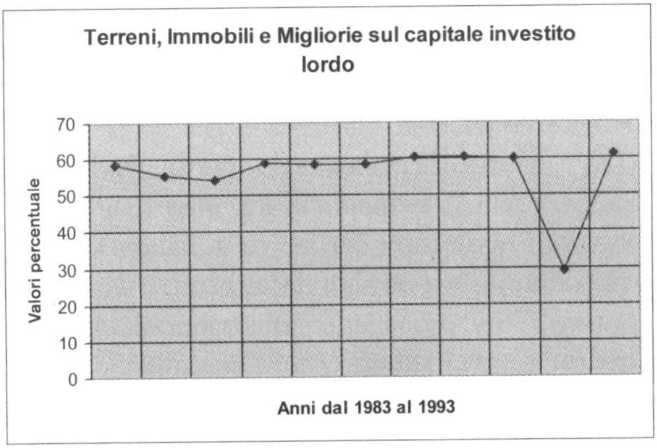

TABELLA 8

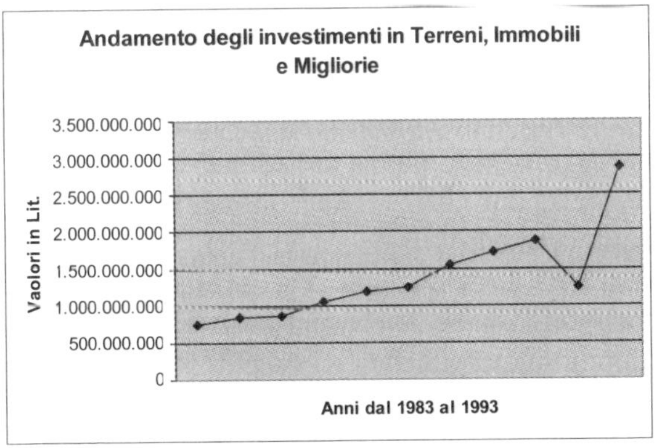

Definite le caratteristiche del secondo periodo di attività, analizziamo il terzo periodo.

II.4. La fase di diffusione dei "valori": un'azienda con pochi confini?

Il terzo periodo si sviluppa dalla seconda metà degli anni Novanta ed è caratterizzato dalla sempre maggiore rilevanza dell'attività immobiliare dal punto di vista della ristrutturazione di edifici per differenti destinazioni. Inoltre l'attività agricola si consolida ed il mercato effettivamente riconosce quel "valore creato" e ciò è confermato dal prezzo del vino, dell'olio e del miele più elevato che la Loppiano Prima è in grado di imporre.

In questo periodo l'azienda sviluppa la reciprocità, che si raggiunge attraverso la combinazione del dialogo e della fiducia, che, essendo stati i pilastri guida dei decenni precedenti, hanno portato notevoli risultati in termini di qualità di reti di relazioni.

Infatti anche se i risultati economici, finanziari e patrimoniali sono sempre oggetto di attenzione da parte dell'amministrazione dell'azienda, continuano le attività di solidarietà verso il territorio oramai anch'esso piuttosto sviluppato e quindi operante con aziende di altri settori e con attività edilizie in continuo sviluppo.

Perciò la faticosa costruzione nel tempo di questa simbiosi viene dimostrata da alcune operazioni che coinvolgono l'azienda, tra cui la donazione da parte della cooperativa di un immobile ristrutturato per essere adibito a luogo di formazione dell'associazione che opera a Loppiano [11].

Questa operazione provoca all'azienda ripercussioni economiche negative ma migliora la rete (Mancini, 1999) di relazioni, che intercorrono con la realtà locale portando l'azienda verso confini più ampi nella reciprocità, confini che si riflettono in un migliore andamento nel mercato dei prodotti venduti

[11] Nel 1999 risulta da uno dei verbali di questo anno che si ha la donazione di un immobile alla PAFOM (Pia Associazione Femminile Opera di Maria), che è l'associazione che segue la formazione in parola.

e nell'ampliamento dei servizi offerti, tra cui quello agrituristico. Questi aspetti si ripercuotono positivamente sulla performance dell'azienda sotto tutti i punti di vista: economico, finanziario, patrimoniale, sociale, etico e ambientale.

Nel 2001 l'azienda agricola ha oramai consolidato la sua attività, ha un grado di reputazione (Gigli - Baldarelli, 2011) molto positivo da parte di tutti gli *stakeholder*, può avvalersi di un mercato ampio ed inoltre l'attività immobiliare, prima accessoria, diventa talmente importante da richiedere un profondo ripensamento sull'effettiva *mission* della Loppiano Prima.

Infatti nello stesso anno, dopo l'emanazione in Italia della legge delega per la riforma del diritto societario, che confluirà nella riforma definitiva del 2003, la cooperativa si propone una riflessione sull'assetto istituzionale e di governo da definire, in modo da renderlo più consono, giuridicamente e operativamente, allo svolgimento delle numerose e articolate attività.

Infatti l'assemblea così delibera: «conferire mandato al consiglio di amministrazione affinché addivenga alla stesura, "chiavi in mano", di un progetto di ristrutturazione societaria al fine di definire ed assicurare giuridicamente nell'impresa i tre "poli" che ne costituiscono la struttura "atomica". E cioè: soggetto economico, imprenditore, azienda» [12].

Ciò è avvalorato da un altro interessante aspetto di questo periodo che riguarda il peso che le immobilizzazioni non destinate all'attività agricola hanno sul bilancio della cooperativa.

Ad esempio nel 2003 su un totale della voce di bilancio: Terreni e Fabbricati di 1.818 milioni di euro, circa la metà è rappresentato da Fabbricati non strumentali all'attività agricola e ciò comunque inficia la natura agricola dell'azienda stessa.

Sino al periodo sopra descritto, il progetto di Economia di Comunione, di cui la cooperativa Loppiano Prima ha in sé i prodromi, non viene citato in nessun documento ufficiale, anche se

[12] Verbale dell'assemblea dei soci del 16 giugno 2002, p. 40.

l'orientamento etico dell'azienda è chiaro e le modalità di gestione rispecchiano le caratteristiche delle linee presenti in esso.

Ciò si evince soprattutto nelle decisioni, anche molto discutibili dal punto di vista economico, di "donare" fabbricati ma anche attraverso la dichiarazione degli stessi componenti l'azienda, come si può leggere: «Il presidente del collegio sindacale interviene per esprimere all'assemblea il suo intento di rinunciare al proprio compenso annuo (768,00 euro) nello spirito dell'Economia di Comunione» [13].

Proprio per l'orientamento strategico di fondo (Coda, 1988), che indirizza l'azienda nella sua responsabilità verso l'ambiente, si dà avvio all'operazione di cessione del fabbricato e si realizza una minusvalenza, che comporta una perdita consistente.

Questa operazione di gestione secondo l'interpretazione economica è "follia", in realtà fa parte della *mission* della Loppiano Prima, che la attua nelle scelte quotidiane ed anche in quelle più pesanti, pur continuando a far quadrare i conti.

Se andiamo ad analizzare il processo, che ha portato alla decisione di cui sopra, vediamo che il ruolo dell'allargamento dei confini dell'azienda porta a scommettere su una ben precisa collocazione dell'operazione come atto di fiducia nella reciprocità rispetto ad un territorio e al progetto di Economia di Comunione, che comunque educa a questo e la Loppiano Prima vive ed opera in questo contesto, per cui non può esserne avulsa [14].

Economicamente l'operazione, inizialmente considerata negativa, diventa, dal punto di vista del valore creato, un atto di responsabilità verso l'esterno e un'apertura anche all'abbat-

[13] Verbale del Collegio sindacale del 27/06/04, p. 64.

[14] Nella logica del progetto EdC, la Loppiano Prima non può ripartire gli utili, ma può contrattare un prezzo tale da farle andare bene un costo straordinario. Minusvalenze: 130 milioni di vecchio conio (Lire); a fronte di questo si ha una perdita di 129 milioni di lire (Verbale del 3 giugno 2001, p. 22).

timento dei confini nazionali e delle barriere etniche e culturali. Quindi non può essere considerato come un costo ma come un investimento sociale, che assume rilevanza, visto in questo modo, come un investimento in solidarietà.

Per essere ancora di più autentica rispetto al progetto menzionato, si coglie l'occasione della riforma, come già affermato e si propone il cambiamento dell'oggetto sociale della Loppiano Prima.

Ne segue un intero riassetto del consiglio di amministrazione e la cessione del ramo agricolo con il nome di Fattoria Loppiano-cooperativa agricola a.r.l. come azienda autonoma con un proprio patrimonio ed assetto di governo.

In questo modo la Loppiano Prima mantiene la gestione immobiliare, che inizialmente era accessoria, ma che successivamente ha assunto un peso enorme e diventa cooperativa che: «...si propone di promuovere esperienze comunitarie, l'organizzazione di attività culturali, ricreative per l'educazione e la crescita culturale, sociale e morale dei propri soci» [15].

La Loppiano Prima, sin dall'inizio della sua attività, non poteva prevedere l'evoluzione che doveva avvenire in futuro e come, attraverso l'attività agricola, si sarebbe messo in moto un circuito di altre attività, che l'avrebbero portata ad un radicale cambiamento.

Le relazioni interpersonali, che nel tempo attraverso i servizi all'esterno l'azienda ha sviluppato, creano valore, ecco perché nella Loppiano Prima, pur essendo dal punto di vista strettamente economico in perdita, ha accumulato nel tempo un bagaglio di valori tale, che si è consolidato successivamente anche esprimendosi in un valore economicamente misurabile [16].

[15] Verbale del 26 novembre 2004, p. 67.

[16] Infatti si legga: «On any plausible definition of the subject matter of economics, the value created in interpersonal relations is a matter o economic significance» (Gui - Sugden, 2005, p. 70).

III. *Accountability* e misurazione del "valore": teoria e prassi

III.1. Il rapporto con gli *stakeholder*, lo sviluppo dell'azienda e la conversione dei "valori": tradizione e/o innovazione?

In questo paragrafo si analizzano alcuni recenti elementi, che, secondo il nostro punto di vista, influenzano il processo di *accountability* [1], perché tale processo di rendicontazione e comunicazione dei risultati ha un impatto relazionale notevole all'interno e all'esterno dell'azienda, nel breve e nel lungo periodo (Gray - Owen - Adams, 2000).

Le riflessioni che seguono riguardano il significato del rapporto tra azienda e *stakeholder*, quello di sviluppo aziendale e il sistema informativo aziendale come insieme di strumenti, procedure e risultati (Marchi, 1993).

[1] Riportando una delle definizioni che emergono nella letteratura internazionale sull'*accountability*, si legga: «the duty to provide an account (but no means necessarily a financial account) or reckoning of those actions for which one is held responsible» (Gray - Owen - Adams, 1996, p. 38). Ancora: «When individual are involved in these social systems the are accountable for their actions due to the existence of a shared system of expectations… Accountability refers to the perception of defending or justifying one's conduct to and audience that has reward or sanction authority, and where rewards or sanctions are perceived to be contingent upon audience evalutation of such conduct» (Beu - Buckley, 2001, p. 61). In Italia Matacena così scrive: «L'*accountability* esprime la responsabilità informativa dell'azienda medesima in cui si sostanzia quel sistema di comunicazioni, interne ed esterne, che nella trasparenza e nel controllo d'esito trovano la loro piena conformazione…» (Matacena, 2005, p. 146). Ancora Rusconi in tal senso: «…si può intendere l'*accountability* come il dovere e la responsabilità di spiegare, giustificare, a chi ne ha diritto, che cosa si sta facendo per rispettare gli impegni presi con gli interlocutori, sia sul piano economico-reddituale… sia da altri punti di vista» (Rusconi, 2002).

Il sistema informativo diventa convertitore quali-quantitativo dei valori aziendali e antropologici su cui si basa l'orientamento strategico di fondo della stessa (Coda, 1988).

Sempre dal punto di vista teorico, l'analisi prosegue individuando alcune dimensioni della responsabilità sociale dell'azienda in relazione agli aspetti emergenti nella teoria attuale. Dimensioni che specificano meglio le modalità operative attraverso cui la stessa può essere applicata e portano a riflettere come nel tempo la molteplicità degli interlocutori aziendali ha condotto ad una multidimensionalità degli strumenti utilizzati.

La teoria degli *stakeholder* è stata oggetto di ampio dibattito sin dal passato (Freeman, 1984; Matacena, 1984) ponendo l'accento anche sugli interlocutori aziendali con cui l'azienda non aveva soltanto rapporti di scambio (Rusconi, 1988). Tale teoria è stata a volte distorta e travisata rispetto alla sua primigenia impostazione e sovente è stata considerata un pretesto per non rispettare la neutralità e l'equità nel trattamento dei soggetti interessati all'azienda (Freeman - Rusconi - Dorigatti, 2007; Rusconi, 2008).

La corrente dottrinale, che condividiamo, critica il comportamento aziendale diretto a ottemperare le esigenze degli *stakeholder* privilegiati per riuscire ad inserire il rapporto tra la teoria in parola, la dottrina sociale della Chiesa ed il bene comune. Tale riflessione deriva da un'attenta e ampia analisi delle varie teorie e si sofferma sull'influenza nelle modalità di gestione da parte dell'azienda delle relazioni con gli *stakeholder*.

Il rapporto azienda - portatori di interesse (*stakeholder*) passa da una teoria basata sul conflitto, ad una teoria basata sulla collaborazione tra i diversi *stakeholder* (Matacena, 2007; Freeman - Rusconi - Dorigatti, 2007).

Collaborazione che poggia sulla base antropologica comune e che non vede esaurire il conflitto in sé, ma approfitta del dissenso come mezzo per migliorare le relazioni con gli *stakeholder*.

Questo è avvalorato dal concetto di bene comune (Cortright - Naughton, 2002, p. 27; Zamagni, 2007) che contribuisce a orientare le decisioni dei manager verso un'interiorizzazione dei principi etici (Rusconi, 1997) e all'esercizio delle virtù (Cortright - Naughton, 2002, p. 48).

Inoltre favorisce un ruolo attivo da parte di ciascun *stakeholder* rispetto agli altri, per cui ogni persona, con le sue aspirazioni e i suoi obiettivi, ha una voce importante anche in azienda, in senso collaborativo, sia verso l'azienda stessa ma anche nei confronti degli altri *stakeholder* quando spesso vengono considerati soltanto in contrapposizione tra di loro.

Le riflessioni appena evidenziate hanno una forte ripercussione sulla crescita dimensionale e il suo rapporto con l'economicità aziendale, che sono state oggetto di profonde riflessioni nella dottrina aziendale del passato (Besta, 1922, p. 23; D'Ippolito, 1953, p. 48; Zappa, 1956, pp. 327, 375, 409; Cattaneo, 1963, pp. 35-76; Amaduzzi, 1966, p. 113; Sicca, 1969, p. 31; Amodeo, 1967, p. 8; Paganelli, 1971, p. 15; Masini, 1979, § 14; Giannessi, 1990, p. 59; Cavalieri, 1971, p. 24; Corticelli, 1979, p. 54; Paolone - D'Amico, 1994, p. 195) ma le riflessioni degli autori più recenti danno un contributo, secondo il nostro punto di vista, ad un ulteriore sviluppo rispetto a quanto precedentemente affermato.

Tra le riflessioni dottrinali, ci interessa particolarmente quella di Sorci (2007), che analizza l'azienda come fenomeno positivo, perché è espressione del lavoro umano e fonte di produzione di ricchezza quantitativa e qualitativa (Sorci, 2007, p. 8). Infatti lo stesso autore così la definisce: «Il divenire aziendale, in definitiva, è manifestazione e concretezza della composizione armoniosa di energie vitali e di principi di comportamento» (Sorci, 2007, p. 9).

Sorci evidenzia anche una distinzione tra crescita e sviluppo aziendale, in quanto la prima si riferisce ad un fenomeno quasi esclusivamente quantitativo/dimensionale, discontinuo e disarmonioso, mentre lo sviluppo [2] è un processo qualitativo e quantitativo, continuo ed armonioso nel tempo, infatti: «Si aprono così, gli scenari che conducono ad un'accezione corretta di sviluppo in tutte le sue dimensioni e che denominiamo sviluppo integrale» (Sorci, 2007, p. XI).

Lo sviluppo integrale coinvolge tutti gli aspetti dell'azienda, cioè: la dimensione dello sviluppo economico, la dimensione dello sviluppo relativo alla *crescita della professionalità individuale e di gruppo*; la dimensione dello sviluppo degli utenti, la dimensione dello sviluppo socio-ambientale (Sorci, 2007, p. 17; Bebbington, 2007).

Secondo questa prospettiva, lo sviluppo attiva la crescita dell'azienda ma il processo non è necessariamente bi-direzionale. In questo senso la crescita, intesa in questa accezione, non comporta automaticamente la tipologia di sviluppo che è stato definito integrale, perché la crescita può avvenire tramite l'incremento del fatturato, il numero dei dipendenti, ecc., ma non riuscire a garantire la qualità allo sviluppo così inteso se manca un sistema di valori aziendali condivisi di base.

In questo senso, altri autori parlano di azienda globale sottolineando la molteplicità degli aspetti da prendere in esame nella crescita/sviluppo dell'azienda (Catturi, 2006), parametri che coinvolgono gli aspetti quantitativi e qualitativi.

L'ultima considerazione si riferisce all'azienda come sistema aperto, che dà e riceve risorse, materiali e immateriali, dall'ambiente in cui opera, attraverso atti di scambio ma anche attraverso l'attivazione di circuiti di relazioni, che spesso non si esauriscono nello scambio stesso.

Per questo motivo l'azienda viene considerata come convertitore di "valori", cioè i dati e le informazioni rispecchiano

[2] Per sviluppo si intende il movimento da una posizione ad un'altra ritenuta migliore; non ogni movimento è sviluppo, è necessario migliorare le posizioni, stabilire obiettivi, indicare una direzione, il che comporta sempre una premessa di valore (Sorci, 2007, p. 12).

la cultura antropologica e la cultura aziendale (Catturi, 2007). In questo senso le informazioni quantitative e qualitative esprimono la sintesi del comportamento decisionale aziendale, alla cui base si trovano appunto i valori.

Da ciò deriva che il processo di *accountability* si arricchisce di nuove dimensioni facendo sorgere nuovi problemi di misurazione, che affronteremo nel prossimo paragrafo.

III.2. Le recenti dimensioni nella misurazione della responsabilità aziendale

L'aspetto dello sviluppo integrale dell'impresa, la visione della teoria degli *stakeholder* più orientata ad un rapporto di collaborazione tra gli stessi e il concetto di azienda come convertitore di valori, portano a una nuova dimensione degli strumenti e dei modelli informativi.

L'analisi delle operazioni aziendali, secondo la prospettiva propria della ragioneria e dell'economia aziendale, interne ed esterne ad essa, hanno sempre tenuto conto degli aspetti tecnici, cioè delle modalità di combinazione delle risorse umane e tecnologiche; economici, cioè: costi, ricavi e capitale proprio, e finanziari: denaro, crediti e debiti (Caramello, 1993; Marchi, 2003).

Successivamente, a queste dimensioni della misurazione ne sono state aggiunte altre, dovute alla progressiva attenzione alla salvaguardia dell'ambiente ecologico, sociale, ecc., che hanno richiesto misurazioni ambientali da cui emergesse come l'azienda si impegna a preservare fenomeni quali l'inquinamento. Molta attenzione è anche stata data al trattamento del personale che ha originato una forma di bilancio sociale in senso stretto (Marquès, 1978), non da ultimo l'attenzione alle sorti della sopravvivenza del pianeta, sia per motivi demografici, climatici ecc., detto sostenibilità (Unermann - Bebbington - O' Dwyer, 2007).

Quindi si verifica una corsa alla misurazione, a volte anche qualitativa, di tutti questi aspetti e sembra, apparentemente, in modo disordinato.

Che cosa è accaduto di recente? Che cosa sfugge ancora ad un sì fatto sistema apparentemente completo, che vuole anche agire sulle modalità di percezione del messaggio?

Dal punto di vista della cultura aziendale (Ciambotti, 2001), una corrente di pensiero si orienta sempre di più verso la prospettiva dell'Economia civile (Bruni - Zamagni, 2004) e mette a sistema, all'interno dell'azienda, questa tipologia di strumenti orientandoli verso una dimensione "integrale" della misurazione dove l'aspetto relazionale, quello della crescita della persona e del bene comune diventano non trascurabili [3].

In questo contesto la nuova concezione mina alle basi dello stesso concetto di efficienza e di efficacia (Onida, 1993), per tracciare nuovi orizzonti di misurazione degli stessi.

Da quanto affermato, si possono enucleare le dimensioni tradizionali quali quella economica, finanziaria e patrimoniale e le "nuove dimensioni": sociale e ambientale e sostenibile.

Il passaggio che avviene nella misurazione, attraverso la considerazione dei tre aspetti delineati, richiede la messa a sistema delle diverse dimensioni, di cui tutte hanno la stessa importanza e l'attivazione dei circuiti relazionali, che considerano al centro la persona (Rusconi, 2008).

Da questo ragionamento possono derivare diverse ipotesi di misurazione, di cui la prima è quella in cui la dimensione tradizionale di misurazione rimane tale e rifiuta la dimensione antropologica. Si prevedono cioè gli stessi modelli e strumenti di misurazione avulsi dal contesto specifico di riferimento, in

[3] «...E si disegnano sinopie che fanno intravedere configurazioni concettuali che distendono l'anima e che caratterizzano, nel profondo, l'operare quotidiano riconciliandoci con l'attività economica, in genere e aziendale, in particolare, le cui distorsioni, che attendono di essere rettificate, sono causa di mali sociali di dimensioni addirittura planetarie» (Sorci, 2007, p. 1).

cui vengono applicati; ad esempio la pretesa di applicare in tutti i paesi europei gli standard internazionali diretti all'armonizzazione contabile del bilancio d'esercizio.

La seconda ipotesi viene definita "ad intermittenza", dove a volte si considerano le variabili culturali ed antropologiche sulla base di una visione utilitaristica. Quindi si accettano e si utilizzano modelli e strumenti in base alla cultura secondo una prospettiva spesso soltanto utilitaristica (Rusconi, 1997).

La terza è quella in cui si va verso uno sviluppo integrale dell'azienda, cioè multidimensionale, accettando pienamente la variabile culturale/antropologica di riferimento e quindi lasciando che i modelli e gli strumenti si sviluppino su di essa.

Il ruolo della misurazione, soprattutto se rivolta ai soggetti esterni all'azienda, ha un impatto fortissimo dal punto di vista relazionale, perché le risultanze di sintesi ed i valori espressi in quantità monetarie sono il frutto di un lungo e spesso travagliato processo, che vede l'interazione di persone, di beni e soprattutto sono espressione di che cosa l'azienda vive e quali sono i valori antropologici su cui la stessa si basa.

Il ruolo della misurazione e delle modalità di comunicazione dei risultati quali/quantitativi hanno un fortissimo impatto sullo sviluppo dell'azienda, inteso come sopra.

Infatti l'azienda che punta allo sviluppo integrale (Sorci, 2007), come possono definirsi anche le aziende EdC, ha un ruolo molto importante, ma ammette anche comportamenti diametralmente opposti, che si sintetizzano in un rifiuto totale di questa tipologia di sviluppo.

La misurazione e la comunicazione aziendale (*accountability*) danno avvio, soprattutto attraverso strumenti che siano in grado di comunicare i risultati di un comportamento socialmente responsabile, ad un confronto e ad un dialogo che aprono alla relazione e quindi diventano costruttori di aperture nuove, di reti di relazioni attive che beneficiano le aziende, in ultima istanza, anche dal punto di vista economico.

Il mantenimento della relazione richiede però lo sforzo della continuità nel dialogo, anche quando lo stesso è molto faticoso: è questa la logica che attraverso le misurazioni contabili ci è stata trasmessa dal passato e ora attende la grande sfida del futuro.

Delineati alcuni orientamenti sulla misurazione aziendale, vediamo nel prossimo paragrafo le caratteristiche del sistema informativo delle aziende EdC.

III.3. Le implicazioni e le novità del sistema informativo nelle aziende EdC: proposizioni teoriche

Dai paragrafi precedenti emergono alcuni presupposti, che presentiamo fra breve e che influenzano, in modo abbastanza incisivo, il processo e le risultanze dell'*accountability* che si sviluppano nelle aziende EdC.

Il primo presupposto riguarda la presenza, nelle stesse, di una componente sociale ed etica di base, che rende maggiormente efficace la comunicazione delle risultanze all'esterno [4]; il secondo presupposto, invece, fa riferimento all'elevata qualità delle relazioni, che rende bi-direzionale e partecipativo il processo di *accountability* ed infine il terzo aspetto concerne una tipologia di comportamento aziendale, condiviso alla base, grazie alle linee guida per condurre l'impresa EdC. In quest'ultimo aspetto si rende dinamico e attendibile il processo di attivazione della responsabilità sociale e della sensibilità, etica con processi di *feed-back* e *feed-forward* estremamente utili all'efficacia dell'intera *accountability*.

[4] A supporto di ciò, si legga: «This would lead us to believe that by developing high quality relationship and increasing the understanding of normatively acceptable behaviour accountability would lead more ethical behaviour» (Beu - Buckley, 2001, p. 62).

Da quanto emerso sorge quindi l'esigenza di impostare un modello di comunicazione della responsabilità economica, sociale ed etica coerente con la *mission* e la *governance* individuate [5].

Tale modello prende in esame la rendicontazione in primo luogo della *mission*, la cui caratteristica riguarda l'essere anche azienda sociale ed etica e quindi l'aspetto quantitativo è difficilmente individuabile e lascia ampio spazio alla comunicazione descrittiva degli impegni, che tale tipologia di azienda porta avanti, come da statuto, nel sostegno a situazioni di povertà vicine e lontane.

Questo si riflette contemporaneamente anche sugli aspetti quantitativi, nel senso definito poco sopra, in quanto, accanto all'informativa obbligatoria, da tenere necessariamente presente, occorre individuare tutta una serie di dati quantitativi, che siano in grado di informare sulla *mission* sociale ed etica.

Inoltre, studiando le aziende EdC ci siamo resi conto che, in esse, si verifica una sorta di affinamento anche negli strumenti di rendicontazione, perché uno degli aspetti salienti di queste aziende è la comunione [6] che sfocia nella reciprocità dei rapporti.

Tale reciprocità, a sua volta, influenza la *mission* e la *governance*, ma comporta un riflesso anche sull'*accountability*, per cui non si può soltanto esprimere in misurazioni soltanto quantitative ma vanno considerati anche gli aspetti della reciprocità, sia in termini quantitativi, sia in termini qualitativi.

[5] Tenendo presente quanto si scrive dei modelli: «Il fatto che i modelli costituiscano una rappresentazione semplificata della realtà, non significa che non devono essere congruenti con il reale. Per essere utili, ossia per apportare un contributo significativo alla conoscenza, devono costituire una semplificazione del reale e non uno stravolgimento» (Vigano, 1993, p. 481).

[6] Per un significato della parola comunione si legga: «L'espressione "comunione", da cui "Economia di Comunione" , è dunque un modo sintetico per dire che il mercato diventa luogo di comunione quando accoglie al suo interno tutti e tre i principi della modernità (libertà, uguaglianza e fraternità); dall'altro lato, l'impresa è di comunione quando si organizza mostrando che la fraternità è prioritaria rispetto alla gerarchia (che pur, ovviamente, resta e svolge il suo compito)» (Bruni, 2004a, p. 389).

I modelli di *accountability*, su cui andremo a riflettere, devono tenere conto della loro particolarità, che è insita nell'attuazione piena del "consolidamento" dell'azienda, attraverso l'economicità in cui gli indigenti hanno un ruolo attivo. Per cui l'*accountability* non è PER gli *stakeholder* ma è CON gli *stakeholder* [7] nella logica della reciprocità.

Il ragionamento, che presentiamo, è il risultato di un processo di analisi empirica [8], da cui si evince che la responsabilità sociale ed etica è già presente nelle aziende in parola all'interno della loro gestione, anzi hanno dichiaratamente e fattivamente un substrato etico di base [9] e noi siamo gli osservatori, che, anziché inventare modelli, proporre principi su cui molti stanno scrivendo, ci poniamo di trarli dalla realtà operativa delle aziende, come avremo modo di vedere nei prossimi paragrafi.

III.4. Il ruolo del bilancio d'esercizio nell'*accountability* delle aziende EdC

Il processo di formazione del bilancio d'esercizio si può analizzare seguendo diversi aspetti, in primo luogo nelle po-

[7] Infatti ciò si evince anche dalle origini: «Come a Trento Chiara Lubich non ha dato vita ad una "mensa per i poveri", ma i poveri erano invitati a pranzo perché parte della comunità, allo stesso modo oggi nell'EdC sta emergendo una nuova "cultura della povertà", basata sulla prossimità. Per queste ragioni gli imprenditori EdC non sono ricchi che danno il superfluo ai poveri ma sono i primi poveri. La metafora di riferimento non è dunque quella del "ricco epulone" ma quella del "buon samaritano", che si prende cura di chi è incappato nell'indigenza» (Bruni, 2004, p. 387).

[8] In merito all'analisi empirica abbiamo utilizzato anche i risultati di ricerche condotte da altri soggetti per cui si rinvia ai paragrafi precedenti, invece una pubblicazione interessante, anche se esula dalle nostre materie, è quella di L. Gold (2004), p. 146.

[9] Siamo un po', senza molto pretendere, come il Paciolo di allora che, osservando la realtà, inserì nella Summa il famoso capitolo in cui descriveva la partita doppia ed altri aspetti che doveva avere il buon mercante, su questo si rinvia a Paciolo (1987, 1ª ed. 1494), pp. 34-35.

ste che compongono il bilancio, dove si può dare risalto agli aspetti sociali mettendo in rilievo anche una contabilizzazione appropriata delle grandezze relative, predisposte per atti di "scambio", che sono motivati dalla solidarietà.

Un secondo aspetto, che rientra nella formazione del bilancio in parola, riguarda alcune riflessioni sulle modalità di far emergere le risorse immateriali, che altrimenti non si originerebbero, anche attraverso l'inserimento di "variazioni" nel prospetto obbligatorio di bilancio formando così una sorta di bilancio ad hoc, che comunque è parte integrante dell'*accountability* dell'azienda.

Infine un terzo aspetto si riferisce alle modalità di valutazione delle poste di stato patrimoniale, recuperando, nella valutazione sistemica, lo spazio per inserire agli aspetti economici e quelli sociali ed etici.

Il primo aspetto della formazione del bilancio, che analizziamo, riguarda la contabilizzazione di eventuali poste che devono essere inserite, in quanto oggetto di atti di scambio diretti a stanziare e ad erogare somme per finalità sociali.

Infatti, come abbiamo affermato in precedenza, l'azienda EdC non vedendo il "povero" come uno strumento per migliorare l'immagine versando una quota una tantum in suo aiuto, considera tale importo come un vero e proprio investimento avente natura di costo pluriennale, anche se la decisione di "investire" in solidarietà viene chiaramente presa in base alla situazione economica e finanziaria contingente, che si verifica in ogni esercizio.

Mantenere un comportamento gestionale coerente e continuo nel tempo, in merito alle quote da versare, nel caso analizzato 2/3 dell'utile, può far sorgere il problema della rappresentazione nel bilancio d'esercizio e a questo proposito possiamo suggerire alcune soluzioni, di cui la prima consiste nel creare riserve facoltative apposite, che possono essere definite di "solidarietà", mentre nell'attivo di stato patrimoniale confluiscono gli investimenti pluriennali con la denominazione di: «Progetti pluriennali di formazione» per la parte di reddito devoluta alla formazione e «Contributi pluriennali di solidarietà» per quella parte di reddito devoluta per situazioni di indigenza vicine o lontane.

Di conseguenza, nel conto economico, si imputano le quote annuali degli investimenti pluriennali e quindi il costo viene ripartito negli esercizi, che si reputano opportuni anche in conformità alle norme di legge e ai principi contabili nazionali ed internazionali (IAS/IFRS). Vediamone concretamente la rappresentazione contabile [10]:

Al momento della distribuzione degli utili

VE-	VE+
Utile d'esercizio (al netto della remunerazione ai soci e della remunerazione agli amministratori) 120	Riserva legale 40 Riserve facoltative (di solidarietà) 80
VF+	**VF-**

Nel caso che stiamo analizzando la suddivisione dell'utile in tre parti è rappresentata dalla riserva legale, dalla destinazione alla formazione di persone capaci di gestire l'azienda secondo principi etici e in parte per progetti di solidarietà.

La situazione iniziale, in cui non emerge nulla di specifico nel conto economico, deriva dalla considerazione che si sta investendo anche in "solidarietà"; ciò mette in moto un circolo virtuoso, di cui più volte abbiamo parlato, e questo si traduce in un incremento delle risorse immateriali presenti in azienda.

[10] Lo schema di analisi dei valori e delle variazioni è tratto da Marchi, 2002, p. 17.

VERSAMENTO IMPORTO PER I PROGETTI DI SOLIDARIETÀ E FORMAZIONE

VE- ... Progetti pluriennali di solidarietà 40 Progetti pluriennali di formazione 40	**VE+**
VF+	**Banca c/c** -Denaro 80 VF-

STATO PATRIMONIALE

D	**A**
... B)... 7) (altre) Progetti pluriennali di solidarietà 40 Progetti pluriennali di formazione 40	A)... Riserva legale 40 Riserve facoltative (di solidarietà) 80

FASE DELL'IMPUTAZIONE ALL'ESERCIZIO DELLA QUOTA DI COMPETENZA DEI PROGETTI PLURIENNALI DI SOLIDARIETÀ E FORMAZIONE SUPPONENDO UNA DURATA DI 4 ANNI PER CIASCUN PROGETTO

VE- Quota d'esercizio (ammortamento) progetto pluriennale di solidarietà 10 + costi d'esercizio Quota d'esercizio (ammortamento) Progetti pluriennali di formazione 10	**VE+** Progetti pluriennali di solidarietà 10 - costi pluriennali Progetti pluriennali di formazione 10
VF+	**VF-**

In ciascun esercizio si incrementa l'ammontare dei progetti pluriennali e quindi si modifica la quota di competenza dell'esercizio. Questo coerentemente con quanto indicato negli statuti e coerentemente anche con la *mission* e la *governance* precedentemente individuate.

Una metodologia alternativa alla precedente consiste nell'evidenziare questo impegno nei conti d'ordine[11], come segue:

Stato Patrimoniale

D	A
Istituzione c/impegni 80	Fondi da erogare 80

I conti d'ordine individuati si riducono in corrispondenza dell'erogazione dei fondi, per cui si ritorna alla fattispecie precedente, sia nella distribuzione degli utili, sia nel momento dell'uscita di denaro per il concreto sostegno alla formazione e alla solidarietà, sia nell'imputazione delle quote di competenza.

Possiamo contemplare anche la fattispecie della costituzione di un fondo spese [12], che è necessaria anche quando l'azienda ha un'obbligazione implicita [13] e ciò si manifesta tramite dichiarazioni esplicite o comportamenti passati, generando aspettative nei confronti dei terzi, aspettative che attengono proprio all'assunzione di determinate responsabilità.

In riferimento alle aziende oggetto della nostra ricerca, è necessario che quanto viene promesso venga rendicontato esplicitamente o come fondo spese se l'obbligazione è prevista nel futuro ed è attendibile.

[11] Tale metodologia di contabilizzazione è tratta da: Cillerai L., *L'impresa nell'economia di comunione: comunità di persone, risorse immateriali ed impatto sulle performances aziendali*, in Bruni - Crivelli (2004), p. 110.

[12] Onida (1974), pp. 21s.

[13] Regolamento Europeo n. 1725/2003 della Commissione del 29 settembre 2003, «Il Sole24 Ore», Milano 2004, pp. 393s.

La fattispecie di fondo spese si addice meglio rispetto al concetto di fondo rischi per la maggiore certezza nella verificazione dell'evento.

Comunque per fare una valutazione delle tre alternative proposte, si può sottolineare come la prima, secondo il nostro punto di vista, sia la migliore alternativa e la più coerente con la *mission* e la *governance* che l'azienda si è prefissata, cioè come variazione dei valori di bilancio, in quanto, facendo parte dichiaratamente di un progetto e quindi ingenerando aspettative di una certa portata nei soggetti esterni, deve anche tenere presente che tali aspettative, se disattese, possono sfociare in procedimenti legali.

Non si escludono però le altre due alternative, in quanto la natura delle diverse obbligazioni dell'azienda può ricomprendere anche la fattispecie dei conti d'ordine e del fondo spese.

L'eventuale alternativa, che comprende la costituzione di un fondo spese, non ci sembra nella logica di un impegno di lungo periodo e di un impegno continuo, in quanto non mette in risalto la "strutturalità" dell'impegno da parte dell'azienda, anzi ne sottolinea la sua transitorietà.

Inoltre l'appartenenza ad una rete di imprese comporta la diminuzione del rischio per ciascuna, tramite l'incremento della solidità interna aziendale, attraverso forme indirette di autoassicurazione [14].

Inoltre la comunicazione richiede un sistema di informazioni [15], in parte già presenti come obbligo di legge per molte aziende, che possa fornire, attraverso prospetti quantitativi e/o descrittivo-qualitativi, ciò che all'interno dell'azienda si sta sperimentando, soprattutto è importante il processo di formazione di tali informazioni, che qualitativamente rispecchia lo stile di gestione di tali aziende.

[14] Per approfondimenti sull'argomento si rinvia a: Cavalieri (1983); Bertini (1987).

[15] Sul concetto di sistema informativo si veda, tra gli altri, Marchi (1993).

Nell'individuare un modello di *accountability* per le aziende EdC, gli schemi tradizionali sono un po' limitati, perché non riescono a comprendere tutti gli aspetti, da ciò un "bilancio" [16] a più dimensioni, in cui le dimensioni economica, finanziaria e patrimoniale, sociale ed etica vengono messe in rilievo in tutti gli strumenti utilizzati, indipendentemente dalla loro origine.

Vedremo fra breve alcuni schemi, che sono in corso di attuazione nella pratica aziendale e che richiamano questi concetti in modo quantitativo e qualitativo.

In sintesi:

TAVOLA GENERALE

Soggetto/i di riferimento per l'*accountability*	**Strumento prevalente da cui trarre le informazioni**
Stockholder	Strumenti informativi che rientrano nel bilancio d'esercizio
Stakeholder	Bilancio d'esercizio + bilancio ambientale, sociale, etico, di sostenibilità

TAVOLA SPECIFICA EDC

Soggetto/i di riferimento per l'*accountability*	**Strumento prevalente da cui trarre le informazioni**
Stakeholder nella reciprocità (con gli *stakeholder*)	Bilancio d'esercizio + bilancio ambientale, sociale, etico, di sostenibilità

[16] La parola bilancio ci piace di più rispetto a quella di rendiconto, anche se non sempre parliamo di informazioni che rispettano un bilanciamento in senso contabile, in quanto il rendiconto dà maggiormente l'idea di qualcosa di consuntivo, mentre la parola bilancio viene utilizzata anche per bilanci preventivi, un'altra ragione riguarda l'uso frequente della parola rendiconto, almeno in Italia, nelle risultanze di sintesi delle aziende pubbliche.

Le aziende EdC hanno inglobato questi aspetti e li hanno posti alla base del loro operare [17].

Ritornando alla prima tipologia di informazioni, cioè quelle economiche, finanziarie e patrimoniali il sistema informativo-contabile di bilancio è senza dubbio la fonte primaria di tali informazioni e quindi viene redatto, con particolare cura nel rispettare le leggi e i principi contabili, perché l'ottemperanza di tali regole è sinonimo di coerenza nei valori di fondo in cui si crede [18].

Come in precedenza procediamo proponendo qualche riflessione sull'utilità di alcune riclassificazioni e dando qualche spunto in merito alla misurazione delle risorse immateriali, tralasciando le altre parti, quali la logica di valutazione

[17] Da alcune riflessioni di un noto Autore e da ricerche sul campo, emerge addirittura un paradosso: che tanto più l'azienda crede di essere oggetto di scarsa fiducia da parte dell'ambiente, inteso in senso lato, tante più informazioni l'azienda fornisce, quindi in un ambiente, in cui esistono forti asimmetrie informative, in cui il messaggio comunicato dall'azienda non viene recepito nella sua sostanza, non si possono fornire informazioni in quantità eccessiva, ma il flusso informativo va orientato al tipo di comunicazione che si vuole dare e soprattutto va gestito nella sua qualità, soltanto in questo modo, l'azienda dimostra di avere fiducia nell'ambiente e di essere solida. Infatti sempre lo stesso autore sottolinea il concetto di fiducia e nei vari passaggi critica la dottrina contabile, che non si è mai posta nell'ottica di analizzare il rapporto tra il grado di fiducia e le esigenze delle informazioni e/o come il grado di fiducia si rapporta alla quantità di informazioni, sia a livello di soggetto-persona decisore, sia a livello di azienda, che deve decidere se far parte o non far parte di una rete di relazioni. Egli afferma che, se il grado di fiducia è elevato, le informazioni possono essere poche ma se il grado di fiducia azienda-ambiente è elevato reciprocamente, è logico che le informazioni, come ovvia conseguenza, sono qualitativamente migliori e recepite dall'ambiente nel loro pieno contenuto. Forse il problema non è tanto nella quantità di informazioni, quanto nella qualità delle stesse e quindi nel processo per poterle ottenere (Tomkins, 2001).

[18] A supporto di ciò si legga: «La consapevolezza su tutti i singoli problemi etici connessi all'attività aziendale sarebbe piuttosto inconcludente se mancasse l'idea di una responsabilità morale nell'informativa di bilancio d'esercizio» (Rusconi, 1997, p. 177).

e la contabilizzazione delle poste, che sono state affrontate in precedenza.

Infatti riportiamo di seguito un primo modello così come è stato pensato originariamente.

Bilancio *EdC - il Conto Economico*

CONTO ECONOMICO RICLASSIFICATO

	Quota a Bilancio	Quota EdC [19]	
RICAVI	100		
(di cui maggiori ricavi non previsti)		10	A
COSTI			
Costi del Personale	40		
(di cui per Formazione Uomini Nuovi)		2	B
Totale Altri costi	10		
(dl cui minori costi non previsti)		5	C
(di cui maggiori costi per solidarietà locale)		2	D

[19] A questo proposito la "quota EdC" può essere facilmente determinata, come in questo caso raccontato da un'imprenditrice della Costa D'Avorio dei suoi operai: «Un giorno in cui non dovevano lavorare... sono venuti tutti: io ero sorpresa, ma li ho lasciati lavorare, e alla fine della giornata mi accingevo a pagarli, ma essi non hanno voluto, affermando che quello non era un giorno di lavoro ed erano venuti perché "il loro orto aveva bisogno". ...Nei giorni di lavoro torneremo e ci pagherai, ma non oggi. Come viene contabilizzata la gratuità? Perché è di questo che si tratta e qui contabilmente ne abbiamo tutti i parametri, per cui un bilancio di questo genere non è impossibile da adottare!» («Rivista Economia di Comunione», n. 19, 2003, p. 8. Il notiziario di Economia di Comunione è visualizzabile anche su internet al sito www.edc-online.org).

	Quota a Bilancio	Quota EdC	
Ammortamenti e Accantonamenti (*)	15	15	E
Costi Finanziari	5		
Utile pre-imposte	30		
Imposte	9		
Utile Netto	21		
Dividendo (**)	16		
(di cui dato ad EdC)		10	F
A riserve	5	5	G

(*) Tipicamente gli investimenti vengono fatti in corso di esercizio e quindi la quota a Riserve dell'utile è poco significativa, mentre gli ammortamenti esprimono come il *Cash Flow* consente la continuità del business e la copertura dei nuovi investimenti fatti.

(**) Il dividendo può includere una parte della retribuzione dell'imprenditore, oppure coprire improvvise necessità familiari [20].

Bilancio EdC	
Provvidenza **A + C**	15
Autofinaziamento **E + G**	20
Formazione uomini nuovi **B + 50% di F**	7
Poveri **D + 50% di F**	7

[20] Tale prospetto ha avuto origine durante un convegno in Portogallo di studiosi ed imprenditori; è stato pubblicato su: «Economia di Comunione», n. 19, 2003, p. 17.

Nel tentativo di rappresentare in sintesi le risorse immateriali, che non sono facilmente individuabili in termini quantitativi, ci sembra utile proporre un'altra classificazione, in base alla dimensione spaziale da prendere in esame:

Livello spaziale di analisi/ Tipologia di risorsa immateriale	**A livello di area strategica di affari**	**A livello di Azienda**	**A livello di rete di aziende**
Risorse immateriali interne	**1-Strumenti contabili 2-Strumenti extracontabili**	**1-Contabili 2-Extracontabili**	**1-Contabili 2-Extracontabili**
Risorse immateriali relazionali	**1-Strumenti contabili 2-Strumenti extracontabili**	**1-Contabili 2-Extracontabili**	**1-Contabili 2-Extracontabili**

Quest'ultima dimensione considera la generazione di risorse immateriali, effettuata dai soggetti "esterni" sia alla rete, sia all'azienda e questo comporta un'influenza comunque "continua" o " intermittente" sulla crescita delle risorse immateriali e sulla conoscenza aziendale.

Nel ragionamento, che stiamo proponendo, queste risorse, che abbiamo chiamato relazionali, includono le prestazioni alle diverse situazioni di disagio, con prestazioni direttamente in natura ed anche il contributo, questa volta in denaro, alle diverse aziende non profit.

Il costo sostenuto per queste prestazioni può essere determinato stimando le risorse interne, che sono state utilizzate, per convergere ad una specie di "Produzione interna di benefici relazionali", che comunque in Italia non avrebbe ancora tutela giuridica nazionale mentre con le norme internazionali si apre una nuova strada anche per queste operazioni, attraverso una maggiore attenzione, che viene prestata dai principi IFRS agli intangibili specifici [21].

Quindi, non si tratta tanto di intervenire sul risultato ottenuto, quanto sul processo di determinazione delle attività di investimento effettuate dall'azienda, dove la distinzione rigida tra risorse immateriali interne e risorse immateriali esterne viene meno e tale classificazione è molto più sfumata.

III.5. Il ruolo dei "nuovi" strumenti informativi nell'*accountability* delle aziende EdC

In merito all'informazione di carattere sociale, non si può, rispetto a quanto detto, parlare soltanto di contabilità sociale e di bilancio sociale, ambientale e di sostenibilità ma si deve, secondo il nostro parere, fare un salto di qualità notevole, affinché questi strumenti, conosciuti in dottrina [22] da diverso tempo, siano più usati ma soprattutto diventino un'occasione concreta, opportunamente integrati, per esternare quel grado di coesione etica che caratterizza l'intera gestione aziendale [23].

Infatti, a suo tempo, avevamo scritto: «...si comprende come il bilancio sociale, così come è stato concepito sino ad ora, rappresenta uno strumento "asettico" che basa la sua esi-

[21] Per approfondimenti sull'argomento si veda, tra gli altri: Guatri - Bini (2003), p. 51.

[22] Per approfondimenti sul bilancio sociale, tra gli altri, si vedano: Marquès (1978); Matacena (1984); Rusconi (1988).

[23] Non a caso per le società quotate in Borsa è necessario un *sustainability Ratio*, ma la strada non è verso un sistema di indicatori soltanto, bensì verso un sistema di informazioni dirette a rendicontare sulla *mission* dell'azienda e quindi anche ad esprimere la qualità del processo da cui tali informazioni sono prodotte.

stenza proprio sui conflitti che, come abbiamo detto, vengono superati in questo tipo di aziende» [24].

Il bilancio sociale, come strumento di valutazione dell'apporto sociale dell'azienda, si auspica che venga utilizzato dalle aziende EdC. Lo stesso può essere arricchito dalle informazioni relative alla destinazione degli utili per i 2/3 che non vanno all'azienda, evidenziando le scelte di volta in volta effettuate dall'azienda stessa.

Inoltre, si sviluppa una rete planetaria di aziende, che permette di rendere evidente la loro presenza anche al mondo politico, così come è previsto per la sostenibilità, attraverso i 2/3 dell'utile, che vanno a tutela delle generazioni future, sia come sostegno a situazioni di povertà nella reciprocità, sia per la preparazione di persone che siano in grado di gestire le aziende nel rispetto dei valori umani.

Infatti, mentre comunemente una rete viene sviluppata sulla base di esigenze di tipo economico, a cui seguono aspetti di tipo sociale, nel caso dell'EdC sono relazioni di tipo sociale, che hanno fatto sorgere una rete un po' speciale, dove la rete si basa sui rapporti sociali prima ancora che sui rapporti di tipo economico.

Secondo il nostro punto di vista, il modello della *social and ethical accountability, auditing and reporting*, cioè tradotto in bilancio sociale nella sua più ampia accezione, può essere considerato il modello migliore per le aziende EdC, poi si può far oscillare dalla parte del *green reporting, environmental reporting*, bilancio ambientale, qualora l'azienda abbia tra i suoi *stakeholder*-chiave soprattutto l'ambiente ecologico (come nel caso di alcune aziende brasiliane del Polo Spartaco).

Tra gli altri elementi, che compongono il bilancio sociale, la determinazione del valore aggiunto globale [25], includendo

[24] Fortunati - Baldarelli (2001), p. 321.
[25] Sul concetto di valore aggiunto globale si veda: Catturi (1994), p. 170.

in sé la prospettiva dell'azienda attraverso il valore aggregato e la prospettiva dell'ambiente attraverso il valore riconosciuto. L'inserimento degli indigenti tra i fattori strutturali [26] dell'azienda permette di ampliare la rosa di soggetti a cui fare riferimento nel contenitore "valore aggiunto" e da rilevare concretamente nel conto della distribuzione del valore aggiunto, quando si effettua la rendicontazione esterna.

Il discorso sulla misurazione dell'efficacia etica [27] è accattivante, però va tarato sulla tipologia di aziende in parola che fanno emergere necessariamente questo aspetto, sia all'interno dell'azienda nelle modalità di controllo, ma anche all'esterno della stessa, attraverso una "rendicontazione etica" adeguata.

Le informazioni di tipo etico sono soprattutto descrittive, in cui ci si sofferma nella descrizione di situazioni che hanno creato difficoltà di coerenza nel rispetto dei valori etici in azienda e su come sono state risolte [28] attraverso una presentazione descrittiva sintetica, non essendo agevolmente possibile individuare, in questi casi, degli indicatori quantitativi.

La presenza della suddivisione del risultato economico in tre parti fa sì che, per il terzo destinato a creare uomini nuovi e per il terzo destinato a situazioni di povertà, gli indicatori di efficacia etica devono essere pensati in funzione del "sacrifi-

[26] La definizione di fattori strutturali è la seguente: «A tal fine si devono intendere strutturali i fattori produttivi "permanenti", cioè quelli che rimangono nell'ambito della compagine aziendale per un arco di tempo pluriennale, indipendentemente dal diritto di proprietà che il soggetto economico vanta su di essi» (Catturi, 1994, p. 167).

[27] Il concetto di efficacia etica è tratto da Tieghi (1995), p. 169.

[28] Con riferimento alla Mercurionet, la parte relativa all'Etica aziendale recita: «Nel 2001 il problema etico si è fatto sentire soprattutto in due circostanze, una per la gara d'appalto indetta dall'amministrazione provinciale e la seconda con il Comune di Macerata. Nelle due circostanze abbiamo lottato per far conoscere i diversi livelli (politico, amministrativo, ecc.), nei modi possibili, le situazioni eticamente non corrette sia a voce che per scritto, sollevando di conseguenza anche reazioni nei nostri confronti. Non abbiamo accettato comunque mai di entrare nella logica tangentizia».

cio", sacrificio profuso dall'azienda, e dei "benefici" ottenuti dagli stessi soggetti beneficiari.

Pur essendo strettamente avvinte le attività economiche a quelle sociali ed etiche, l'efficacia etica guida l'azienda in tutte le fasi dei circuiti operativi e quindi nella gestione interna ha forse meno rilevanza mentre nella gestione esterna assume una rilevanza maggiore come informazione integrativa necessaria per questa tipologia di aziende.

La rendicontazione esterna cambia nel momento in cui si passa dalla singola azienda alla rete di aziende ed in particolare alla rete "etica", in quanto la presenza di una base solida di valori innesca un motore etico che rende più esplicita la conoscenza e può favorire anche un sistema informativo più completo e attendibile [29].

Inoltre, in merito ai circuiti virtuosi, messi in moto dalla conoscenza, possiamo affermare che se le competenze fondamentali sono originate soprattutto dai rapporti votati al servizio delle persone, le aziende, che già hanno cementati questi valori, sicuramente possono partire con una serie di competenze fondamentali, che ne danno un sicuro vantaggio competitivo di partenza e possono sfociare in competenze distintive molto importanti [30].

[29] Dalle esigenze informative esterne emerse, ci proponiamo di continuare il lavoro diretto ad approfondire ciò che già è presente nelle varie norme e nei vari principi di generale accettazione nazionali e internazionali in relazione all'informativa obbligatoria e volontaria già esistente, integrandola con quanto ritenuto necessario ma ancora presente soltanto nella prassi aziendale.

[30] Infatti si legga: «con il termine "competenze" si fa qui riferimento a un insieme finalizzato di risorse ricomprese nel patrimonio intangibile dell'azienda, che le consentono di raggiungere in modo affidabile e consistente uno specifico obiettivo perseguito: risorse tangibili o intangibili basate sulla conoscenza, "firm specific", in quanto sviluppate nel tempo, attraverso interazioni complesse tra le risorse aziendali e basate sullo sviluppo, sull'applicazione e sullo scambio di informazioni attraverso le persone, che lavorano in azienda» (Corno, 1996, p. 66). Le competenze fondamentali sono necessarie per mantenere e consolidare la posizione dell'azienda sul mercato, per seguire vantaggi competitivi durevoli, mentre le competenze

Invece la grande sfida è proprio quella di puntare ad un'*accountability* sociale ed etica, che rinnovi gli strumenti tradizionali come il bilancio d'esercizio ed i più moderni strumenti di reporting sociale ed etico.

Infine, per le erogazioni liberali e/o di collettività, nelle aziende oggetto di attenzione, questo diventa prioritario per rendere possibile lo svolgimento dell'attività da parte di tutti i soggetti e rende agevolata la ripartizione in tutte le altre aree non specificamente sociali, rovesciando la logica, perché si parte dall'aiuto agli indigenti e le altre remunerazioni vengono di conseguenza.

Il modello teorico di *accountability*, che emerge dalla prassi, lungi dall'essere ancora completato, è di respiro più ampio rispetto a quello ambientale, è una ventata a rinnovare l'intero processo di preparazione del sistema informativo di sintesi per l'*accountability*, rivolto il tutto al raggiungimento di una sostenibilità vera, che parte dal basso e dalla compartecipazione di tutti i soggetti interessati all'azienda.

Sintetizzando con uno schema le novità che in questo modello perfettibile emergono, possiamo vedere:

TABELLA CHE METTE IN RILIEVO LE NOVITÀ DELL'EDC SIA NEGLI STRUMENTI "TRADIZIONALI" SIA NEI "NUOVI" STRUMENTI

Richieste dell'ambiente	**Strumenti di *accountability***
Informazioni: economiche, finanziarie, patrimoniali	Bilancio: processo di valutazione, *intangible assets* Creazione del valore
Informazioni: ambientali, sociali, etiche	Bilancio sociale, *social, ethical, environmental accounting*

distintive riguardano ciò che è necessario per avere e mantenere un vantaggio competitivo rispondendo alle esigenze contingenti del mercato, in modo che l'impresa operi meglio dei concorrenti. Per approfondimenti si rinvia a Selznick (1957).

Le novità nelle aziende EdC
1-Nuova ***mission*** e nuova ***governance***, già presente negli statuti, secondo le linee per condurre un'impresa, che sono tuttavia in corso di revisione;
2-Rendicontazione dei circuiti non ancora abbastanza considerati, come quelli relazionali e familiari;
3-Il ruolo attivo degli indigenti;
4-La fraternità espressa attraverso una rendicontazione non per gli ***stakeholder*** ma insieme agli ***stakeholder***, pur mantenendo la propria identità di azienda;
5-La contabilizzazione delle quote di solidarietà, non soltanto come sintesi del lavoro ma come grandezza che si forma durante lo svolgimento dell'attività.

III.6. Il ruolo della social, environmental accounting e reporting di "comunione" nelle aziende EdC

In questo paragrafo ci soffermiamo sulla costruzione di un'*accountability* di "comunione", che rientra all'interno della più vasta categoria della *social, environmental accountability*. Per chiarire ulteriormente il concetto di *accountability* si legga: «In sintesi la reputazione delle imprese responsabili o il discreditamento di quelle irresponsabili dovrebbe sempre più dipendere dalla capacità che le imprese stesse hanno di dimostrare di avere (o non avere) fondato il proprio agire su azioni di coordinamento e di collegamento delle diverse "parti" di società coinvolte nelle funzioni di produzione/distribuzione e consumo da loro poste in essere e su modelli di comunicazione, agli *stakeholder* prevalenti e alla società civile, che siano leali e trasparenti (*accountable*)»... «Da qui l'emergere del concetto di *accountability* come comportamento volto alla verifica della trasparenza d'essere degli attori economici» [31].

Ritorna prepotentemente la valenza relazionale dell'*accountability* che, per definizione, ha un importante ruolo di vei-

[31] Matacena (2006), p. 171 e nota 66.

colare la relazione tra l'azienda con l'ambiente, per cui iniziamo ad analizzare la tipologia di *accountability* che ne può derivare.

Per *accountability* di comunione intediamo una parte della *social, environmental accounting* e la possiamo individuare nel seguente grafico, in cui è evidenziato quanto in precedenza affermato. Infatti la gran parte dell'*accountability* rientra in quella parola e soltanto una piccola parte è rappresentata da "altro", cioè misurazioni qualitative e quantitative, che, per la loro particolarità, vengono considerate facenti parte di altre discipline, quali la filosofia, la morale, la sociologia, ecc...

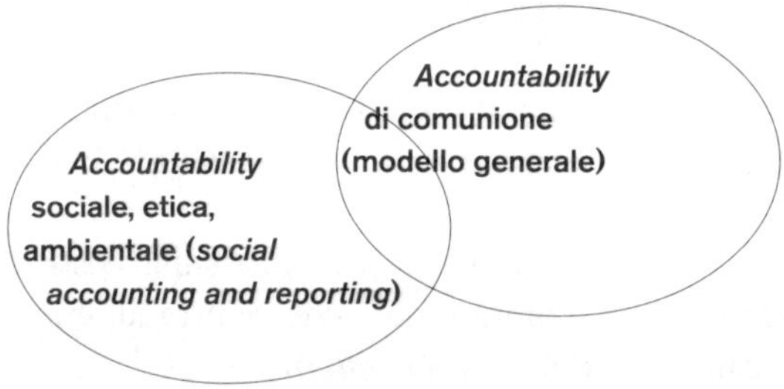

Proviamo ora a ragionare facendo lo sforzo di introdurre alcune dimensioni, che possono contribuire a costruire la *social, ethical and environmental accountabilty* e *reporting* di comunione presentando gli elementi considerati rilevanti a questo scopo e cioè: il dialogo, la fiducia e la reciprocità. Dimensioni che nel profilo logico del libro abbiamo prima applicato al caso dell'azienda Loppiano Prima e ora stiamo traendo le riflessioni teoriche. Inoltre le stesse sono messe contemporaneamente in relazione alla tipologia di *stakeholder* con cui l'azienda EdC entra in contatto [32].

Per sintetizzare il nostro ragionamento, evidenziamo la seguente tabella, che sarà meglio articolata nel corso del lavoro, anche in base a ciò che emerge dall'analisi del caso:

[32] Argiolas (2006); Bruni (2006); Gui - Sugden (2005).

Stakeholder/ **elementi della rendicontazione di comunione**	**Tipologia di *stakeholder*...**
Dialogo	Indicatori che per ciascun ***stakeholder*** evidenziano il grado di dialogo
Fiducia	Indicatori che per ciascun ***stakeholder*** evidenziano il grado di fiducia
Reciprocità	Indicatori che per ciascun ***stakeholder*** evidenziano il grado di reciprocità

Noi crediamo, infatti, che la *social, ethical and environmental accountability* può essere un valido strumento per contrastare questa nuova "povertà di relazioni" e per riportare le relazioni e quindi il dialogo al loro vero significato e alla loro vera importanza.

Il dialogo, attraverso cui si sviluppa la relazione, è oggetto di attenzione anche da parte di studiosi italiani di *accounting*, in particolare, tra gli altri, Catturi afferma che comunque l'*accountability* è espressione di relazioni umane interne all'azienda ed esterne ad essa (Catturi, 2007).

Infatti la *social, ethical and environmental accounting* and *accountability* di comunione considera una base relazionale [33] di un certo peso, dove è sempre presente, tra le altre tipologie di reciprocità, quella "coraggiosa" [34], che è disposta cioè sem-

[33] In merito si legga: «...mode of managing transactions is reciprocity- i.e. non-contractual transfers in cash or kind occurring within a group or a community according to a logic of fairness, solidarity or mutual insurance. Examples are numerous in traditional economies... but reciprocity has a role to play even in modern economies» (Gui - Sugden, 2005, pp. 27-28).

[34] La reciprocità "coraggiosa", lo ripetiamo, invece coopera sempre: «...di questa forma di reciprocità, perché ne spiega la non condizionalità, è la presenza di una ricompensa intrinseca che l'attore ottiene dall'azione stessa, prima e indipendentemente dal risultato» (*ibid.*, p. 90).

pre alla cooperazione e se questa non fosse presente, anche in minima parte, l'*accountability* di comunione non potrebbe svilupparsi.

Il grafico presentato in precedenza trova una sua ulteriore specificazione in quello che segue:

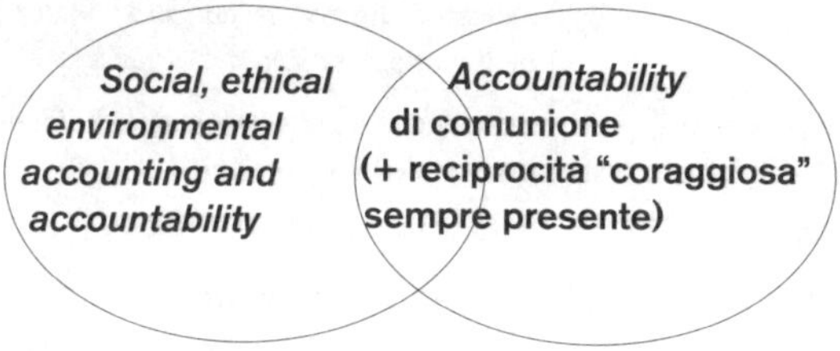

Gli strumenti di *accountability* di questo genere non sono del tutto definiti; si aprono perciò nuove strade nella misurazione, in quanto da un lato si sta studiando anche una misurazione che metta in luce il valore creato anche in presenza di reddito negativo dal punto di vista economico, quindi anche in presenza di uno squilibrio economico-aziendale.

Questo è supportato dal fatto che in passato, in Italia, si parlava di produzione di valore aggiunto come espressione sintetica di creazione del valore aziendale per gli *stakeholder*, di creazione di valore prima e poi di distribuzione del valore stesso.

Successivamente possiamo evidenziare due ipotesi, di cui la prima consiste nel riconoscimento positivo da parte dell'ambiente e quindi:

1) consumi intermedi+valore aggiunto = valore creato
   valore creato+utile d'esercizio (effettivo) = valore riconosciuto

oppure

2) valore creato - perdita d'esercizio (effettiva) = valore riconosciuto.

Nel primo caso il valore riconosciuto dal mercato è maggiore rispetto a quello creato dall'azienda, che comunque lo ha sempre creato, mentre nel secondo caso il valore riconosciuto dal mercato è inferiore rispetto a quello creato dall'azienda, che comunque lo crea, in quanto utilizza fattori strutturali [35] e fattori di attivazione [36] quali: il personale, il capitale di credito, il capitale proprio, ecc.

Infatti i ricavi di vendita sono il limite entro cui si deve contenere il valore "creato", altrimenti l'azienda potrebbe aumentarlo all'infinito senza nessuna ragione, mentre i ricavi lo riportano al valore effettivo [37].

Proseguendo su questo ragionamento, si sottolinea che i dati sono la sintesi di relazioni interne all'azienda e tra l'azienda e l'ambiente, per cui occorre prendere il valore dei ricavi di vendita e sottrarvi i consumi intermedi ed ottenere così il valore riconosciuto, come segue:

[35] I fattori strutturali sono: «...i fattori produttivi "permanenti", cioè quelli che rimangono nell'ambito della compagine aziendale per un arco di tempo pluriennale, indipendentemente dal diritto di proprietà che il soggetto economico vanta su di essi. Si tratta quindi, non solo dei fattori durevoli esposti nella Situazione Patrimoniale, perché acquistati dall'impresa, ma anche di quelli che definiscono comunque la "struttura" dell'organismo aziendale e per conseguenza la sua capacità produttiva» (Catturi, 1994, p. 167).

[36] I servizi di attivazione: «... cioè dei flussi che, trovando origine in aziende che insistono nel medesimo ambiente, rendono operante la struttura dell'impresa considerata, come ad esempio: le materie prime e accessorie consumate... L'insieme dei servizi acquistati per goderne nel breve andare: servizi di trasporto, telefonici, relativi all'energia elettrica, consulenze occasionali, ecc...» (*ibid.*, p. 169).

[37] In questo senso: «In effetti, il montante del valore aggiunto realizzato in un determinato arco di tempo da una qualunque azienda, espresso in termini *monetary*, e soprattutto la sua composizione per natura, è testimonianza del grado di adeguamento raggiunto dalla cultura di quell'organismo socio-economico nei confronti di quella antropologica ed ambientale» (Catturi, 2007, p. 239).

Ricavi di vendita-consumi intermedi = valore riconosciuto [38].

A questo punto il valore aggiunto, determinato secondo la prospettiva dell'azienda, può essere diverso da quello determinato secondo la prospettiva dell'ambiente e quando il valore aggiunto "assemblato" è inferiore rispetto alla differenza che determina quello creato dall'azienda, allora la stessa potrà dire di aver creato valore.

La quantificazione del valore creato è calcolata al netto dell'utile non ancora conosciuto, ma al lordo di un utile sperato. Si utilizza l'utile sperato perché tale grandezza non dipende dal grado di riconoscimento del mercato.

Perciò, anche considerando lo schema del valore creato e del valore riconosciuto, ci avviciniamo all'*accountability* di comunione, in cui si verificano ricorsive e continue fasi di produzione/distribuzione del valore creato, che poggia su relazioni profonde, in cui è presente la reciprocità coraggiosa ed in queste condizioni si costruisce l'*accountability* in parola [39].

[38] *Ibid.*, pp. 244-245.
[39] Gui - Sugden, 2005, p. 50.

IV. Il sistema informativo e la misurazione delle performance “come un arcobaleno”

Io spesso affermo che quando puoi misurare ciò di cui stai parlando e lo puoi esprimere in numeri, tu conosci qualcosa di ciò, ma quando non puoi esprimerlo in numeri, la tua conoscenza è povera ed insoddisfacente.

(Lord Kelvin)

Contiamo ciò che è contabile, misuriamo ciò che è misurabile *e rendiamo misurabile ciò che non lo è.*

(Galileo)

IV.1. La misurazione della performance fra strategia e gestione

Il senso del processo di misurazione della performance viene definito dal contenuto e dalle relazioni fra le sue componenti: partendo dalla *mission* è possibile definirne gli obiettivi, declinare i risultati, strutturare i sistemi di gestione e le modalità di misurazione.

Si tratta di un processo che può alimentare il capitale relazionale dell’organizzazione, quando rivolgendosi a “pubblici variegati” e alimentando in loro un interesse, ne sostiene la partecipazione. D’altro canto è questo il senso etimologico del termine con cui si descrive ogni tipo di pubblico, cioè di *stakeholder* come portatore di interesse e di un legame. Di conseguenza, in quanto strumento di relazione, il processo di misurazione delle performance, soprattutto nella sua parte e forma non obbligatoria, ha senso quando la sua struttura da un lato è più vicina alle esigenze dei diversi tipi di interlocutori e dall'altro esprime la specificità dell'organizzazione. Sarà così in grado di declinare in indicatori gli scopi istituzionali e offrire informazioni utili nelle scelte gestionali e di governo di tutti i soggetti interpellati.

In questa logica anche la forma di rendicontazione, normata per garantire la tutela dei terzi (ad es. il sistema informativo contabile di bilancio) e l'equa e corretta fiscalità (dichiarazione dei redditi), gli obiettivi, le misure, gli strumenti, hanno diversi gradi di discrezione della proprietà e dei gestori dell'organizzazione. C'è quindi la possibilità di graduare e modulare il sistema informativo, che può essere progettato per supportare la crescita delle relazioni umane.

Il sistema informativo, in questa concezione, è un "medium" – un mezzo, uno strumento che si colloca fra la strategia e la sua concreta realizzazione.

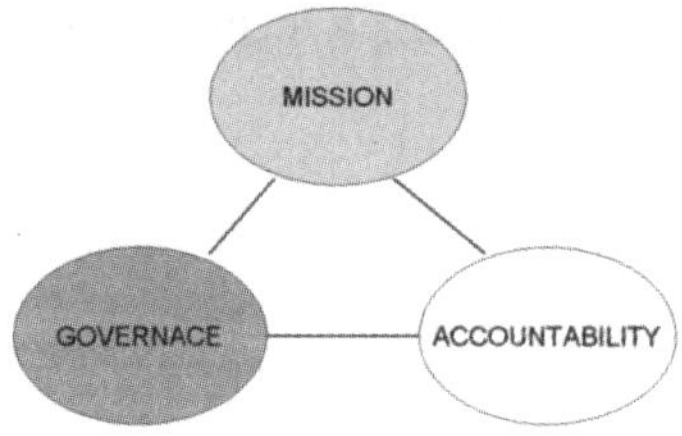

Un'altra caratteristica del sistema informativo inteso in questa ottica è quella di garantire la circolarità fra strategia ed azioni, la loro interdipendenza e necessaria coerenza, così da costituire un vero e proprio sistema di "navigazione" utile a mantenere l'organizzazione nella rotta desiderata.

La semplicità logica di tale processo trova nella realtà alcuni elementi di complessità: i linguaggi (unico o molti e diversi), le forme di rappresentazione o meglio di reporting, dei soggetti (detentori delle informazioni e/o utilizzatori, interni

e/o esterni), della comparabilità dei dati rispetto all'unicità dell'esperienza aziendale.

Le tre componenti – *mission*, *governance* e *accountability* – non hanno infatti omogeneità di linguaggi: la missione, e la sua traduzione operativa che è la strategia, è caratterizzata prevalentemente dal linguaggio narrativo; la rendicontazione, e più ancora la misurazione, utilizza invece il linguaggio contabile e statistico; infine la gestione è dominata principalmente dal linguaggio processuale.

Si tratta inoltre di componenti fondate come altrettante discipline scientifiche, che possiedono proprie definizioni e metodiche, la cui integrazione interdisciplinare, indispensabile nell'unitarietà della vita organizzativa, è tutt'altro che scientificamente scontata.

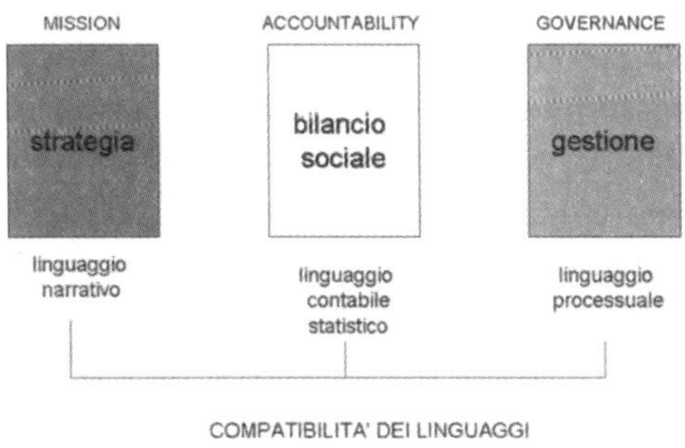

IV.2. L'approccio RainbowScore

Se vuoi fare che la vicinità di un colore dia grazia all'altro che con quello confina, usa quella regola che si vede fare ai raggi del sole nella composizione dell'arco celeste, per altro nome iris, i quali colori si generano nel moto della pioggia, perché ciascuna gocciola si trasmuta nella sua discesa in ciascuno de' colori di tale arco, come sarà dimostrato al suo luogo.
(Leonardo da Vinci, *Trattato sulla pittura*, 1490ca)

Il metodo RainbowScore® si inserisce in questo scenario propositivo attraverso un percorso che utilizza in parte strumenti contabili, in parte modalità descrittive e di analisi qualitativa per evidenziare le componenti del valore aggiunto, che nel bilancio economico tradizionale non trovano posto esplicito. È un percorso metaforicamente "colorato", come si deduce dal nome, ad esprimere l'obiettivo di un processo analitico che contribuisce armonicamente al valore complessivo e fa riferimento a sette dimensioni, che aggregano sette forme di capitale, risorse, aspetti attraverso cui è possibile considerare la strategia, gli obiettivi e i risultati organizzativi, analizzarli, rendicontarli e comunicarli.

Il primo aspetto, il rosso, considera il Capitale economico, e aggrega i temi di ambito economico-finanziario, i cui risultati rappresentano in ogni caso una cartina tornasole sulla salute dell'organizzazione e sulle sue possibilità di futuro. Include i dati relativi alla capacità di creare nuovi posti di lavoro – e di conservarli in momenti di difficoltà di mercato –, così come le modalità di gratificazione e soddisfazione delle diverse tipologie di esigenze dei lavoratori, sia monetarie che non monetarie.

Nelle imprese che danno valore strategico alle dimensioni sociali, civili e relazionali, in genere un elemento di analisi certamente caratterizzante è la diffusione della cultura del "dono" all'interno dell'organizzazione, mediante le più varie forme di solidarietà interna ed esterna attraverso cui la stessa si manifesta.

Un secondo aspetto, l'arancio, fa riferimento al Capitale relazionale, ossia al prodotto delle relazioni con tutti i soggetti interni ed esterni che hanno a che fare con l'impresa per motivi produttivi, cioè: clienti, fornitori, aziende partner, lavoratori; per motivi istituzionali: associazioni di categoria, Pubblica Amministrazione, società civile nei suoi rappresentanti; per motivi sociali: associazioni e comunità locale.

Si tratta infatti del tessuto fiduciario che sostiene crescita, sviluppo, stima e reputazione dell'organizzazione.

La terza dimensione, il giallo, è rappresentata dalla Cultura e dall'etica aziendale, come l'insieme tacito o esplicito di valori e approcci che guidano scelte e comportamenti, la cui consapevolezza permette anche una sua verifica sia normativa – come sembra emergere dall'adozione dei codici etici – sia in termini di assimilazione di valori dichiarati e desiderati che rendono l'organizzazione coerente e pienamente efficace. È questo il capitale di riferimento nelle scelte strategiche, il bagaglio valoriale e culturale che permette di discriminare, assumere posizioni consapevoli, affrontare sfide e dilemmi.

La quarta dimensione è il verde, considera la qualità socio-ambientale, come qualità nella relazione tra le persone e con l'ambiente sociale e naturale, includendo così temi delicati e significativi come il clima dell'ambiente di lavoro e quello urgente dell'ecologia. Inoltre comprende la possibilità di riflettere e di condividere su un tema prezioso per le imprese dell'economia civile, ovvero la fiducia, componente chiave delle relazioni tra le persone e con il contesto. In questo senso si pone un tema di investimento in capitale sociale che possa produrre effetti positivi all'interno dell'organizzazione, e fare di essa una vera e propria comunità.

Il quinto aspetto, l'azzurro, è il capitale umano, indubbiamente uno dei fattori più rilevanti per il successo aziendale, nelle sue forme organizzative ed espressive. In primis infatti la forma secondo cui opera l'organizzazione, la sua dimensione infrastrutturale, i processi e le modalità di funzionamento, le dinamiche strutturali, esigono una intenzionalità esplicita e agita anche nelle piccole dimensioni: la descrizione dei processi organizzativi, il superamento della spontanea informale presa in carico per una esplicita responsabilizzazione, la condivisione di processi decisionali e di valutazione sono alcune tappe di investimento, indicatori del livello di sviluppo consapevole dell'organizzazione.

Il sesto aspetto, l'indaco, è il capitale intellettuale, che include l'insieme delle conoscenze e del *knowhow* delle persone che vi operano, insieme alla loro possibilità e capacità di crescere, innovare, sviluppare talenti e risorse. Come tale si integra fortemente con la dimensione del capitale umano, non solo nell'insieme di competenze e saperi delle persone, ma anche nella dimensione gestionale del personale nella misura in cui si mettono in atto processi intenzionali di formazione, ricerca, innovazione.

Infine, la settima dimensione riguarda il violetto, che considera la comunicazione, sia essa interna, sia essa esterna. Nel senso etimologico del termine "comunicare" significa mettere in comune, che certamente rimanda alla dimensione informativa a cui il processo di comunicazione sembra talvolta sovrapporsi.

L'approfondimento di ognuno di questi aspetti, in modo generale così come considerando i diversi *stakeholder* (o alcuni di essi), insieme alla loro considerazione complessiva, integrata, a fondere armonicamente la percezione in un unico organico disegno strategico e operativo, costituisce, nell'esperienza recente, una interessante occasione per condividere e comunicare la complessità del valore prodotto dall'organizzazione.

Le diverse esigenze di comunicazione trovano soddisfazione mediante la modulazione di varie tipologie di contenuto e di linguaggio, così come il rigore che differenti sistemi di indicatori richiedono nella misurazione garantisce un'ampia rendicontazione dei fatti aziendali. Ovviamente l'approccio multidimensionale costringe a strutturare un sistema informativo altrettanto articolato, così che ai tradizionali metodi di misurazione contabile analitica, preventiva e consuntiva vengono affiancati indicatori statistici quantitativi e qualitativi.

E se trova spazio l'unicità dell'esperienza aziendale, insieme alle priorità percepite dalle persone coinvolte, diventa evidente quanto dal punto di vista metodologico la scelta di un approccio a più dimensioni assuma il valore di un percorso in primis progettuale, che a seguire diventa gestionale. In questa prospettiva, se è possibile immaginare dimensioni informative comuni a qualsiasi tipo di organizzazione, altrettanto ovvio è che alcuni aspetti esprimeranno l'assoluta specificità di ciascuna realtà organizzativa.

Altre dimensioni irrompono allora, a livello processuale, nelle imprese e nelle organizzazioni, che si avviano in un percorso simile, mentre altri strumenti e pratiche di governo diventano indispensabili per dare ascolto e portare ad armonia le diverse forme di valore e di significati prodotti dal vivere quotidiano al loro interno.

IV.3. Passi, strumenti, conseguenze dentro l'organizzazione

Un approccio multidimensionale alla vita delle organizzazioni può essere particolarmente utile qualora si concepisca e si ritenga opportuno dare spazio ai processi relazionali e sociali, che al loro interno prendono forma, facilitando o ostacolando il raggiungimento degli obiettivi economici, perché dietro ad ogni indicatore, ad ogni azione, ad ogni prodotto c'è una storia di esperienze, un tessuto di relazioni, un legame positivo o faticoso tra persone. Il percorso di progettazione del sistema informativo, la sua gestione e i processi di analisi si avviano a partire dall'ascolto e dall'osservazione di questo tessuto, di ogni legame, attivandone all'interno molteplici forme e trame perché ogni componente – di colore e filato, per restare nella metafora – assuma il rilievo più significativo.

Alcuni processi, considerabili come variabili soft dell'organizzazione, possono assumere un valore particolare trasversalmente alle diverse dimensioni di valore considerate dal sistema, come sfondo sul quale la strutturazione degli aspetti da vagliare e degli indicatori da elaborare assume valore e chiarezza. E se le organizzazioni che consideriamo sono orientate ad un'alta intensità relazionale, e si caratterizzano con forti tassi di "umanizzazione", allora alcuni strumenti anche gestionali assumono valenze strategiche preziose nonché caratteristiche altrettanto relazionali e pienamente umanizzate.

È attraverso questo tipo di variabili, infatti, che le componenti di un sistema informativo multidimensionale assumono significato condiviso, che le informazioni raccolte ed elaborate non hanno valore asettico ed esclusivamente quantitativo ma sono effetto di reali processi partecipativi, e possono esprimere ognuna delle persone che lavorano all'interno dell'azienda e contribuiscono alla produzione delle diverse forme di valore.

D'altro canto l'efficacia produttiva di ogni singola realtà è sempre più il risultato dell'attivazione di risorse psicosociali, della mobilitazione di energie antropologiche e di significati vitali: non potrebbe essere diversamente per le imprese a movente ideale. Ora, tali risorse trovano attivazioni, forme di espressione e di utilizzo coerente soprattutto attraverso alcuni processi.

Un primo strumento che segnala il valore relazionale di cui un'organizzazione è intrisa è l'impegno personale di ogni membro nel mettersi in gioco "per" e "dentro" l'organizzazione stessa: in un orizzonte di attività che ricerca pienezza di comunicazione e comprensibilità diffusa dell'informazione, per garantire la produzione di beni davvero comuni, a ciascun componente è chiesto un patto, un passo di stile e di atteggiamento che supera la dimensione individuale e assume una valenza comunitaria, un coinvolgimento, un passaggio dagli altri al noi.

Per percepire il sé in un noi [1] sono necessarie una serie di tappe e processi personali e profondi. Sono tappe di accoglienza della propria alterità e specificità, come fonte di un contributo particolare, e con questa la scoperta dell'alterità degli altri come orizzonte e luogo della stessa autorealizzazione nella relazione con l'altro: questo comporta l'apertura all'altro e alle sue vicende, il fare spazio in sé per uno sguardo sull'altro pari allo sguardo su di sé, così da sviluppare un consapevole legame, un senso del noi che è il sentirsi compreso e il comprendere ad un tempo solo. L'impegno nell'organizzazione diventa così impegno personale e comunitario, richiede momenti di rinnovo e di verifica, di revisione e di rinforzo perché gli obiettivi verso cui tende siano sempre condivisi e significativi.

Un altro interessante strumento per organizzazioni improntate alla partecipazione e alla relazionalità è quello della narrazione e condivisione di esperienze. È attraverso la narrazione, infatti, che per ciascuno possono assumere significato le esperienze e diventano possibili occasioni di riflessione, elaborazione, apprendimento: sono processi particolarmente utili se si considerano i risultati di azioni organizzative portate avanti da quanti lavorano nell'impresa, per ricostruirne il significato sociale e culturale, per comprenderne ragioni di successo o insuccesso. La condivisione delle esperienze all'interno di un'azienda può avere forme diverse, dal momento strutturato e istituzionalizzato di narrazione e confronto, di descrizione e capitalizzazione degli eventi condivisi rispetto a compiti e obiettivi definiti e assegnati all'informale condivisione di *knowhow* e di *expertise* tra colleghi.

Indubbiamente l'istituzionalizzazione di momenti di condivisione e analisi dell'esperienza professionale personale all'in-

[1] Guerrieri (1998), pp. 449-464.

terno di un gruppo di lavoro esplicita prima di tutto che l'esperienza professionale nell'azienda non è un fattore personale, ma un agire insieme agli altri nella tensione a raggiungere obiettivi comuni: in virtù di tali obiettivi, e della fatica personale per raggiungerli, la condivisione giustifica e sostiene iniziative di supporto reciproco, di sostegno operativo, come di circolazione e messa in comune di informazioni e conoscenze. Ecco che allora che i numeri, gli indicatori, le statistiche assumono un significato pieno, ampio e non, come spesso avviene, elementi di un riduttivo sistema di incentivi e sanzioni. Sono i percorsi delle interdipendenze, dei rapporti aziendali.

Così l'interazione reciproca tra i portatori di competenze diverse si apre allo scambio, e nelle forme organizzative l'automatismo meccanico dell'organigramma lascia posto anche all'elemento prezioso della soggettualità e della relazionalità autentica, che valorizzando ruoli e professionalità ne arricchisce l'espressione portando ad unitarietà di significato la parte specifica realizzata da ciascuno.

La condivisione delle esperienze si lega strettamente alla costruzione di significato, tema cruciale in organizzazioni a movente ideale: la costruzione del senso è un processo relazionale che poggia sulla retrospezione (lettura a ritroso dell'azione), «è possibile solo retrospettivamente all'azione, e la retrospezione si origina e si nutre del ricordo delle azioni compiute insieme, alimentate e mantenute in vita dalla narrazione» [2]. L'orizzonte dell'esperienza, infatti, a differenza dell'empiricità che è di tipo oggettivo, si sviluppa su orizzonti [3] soggettivi dati sia dal contesto, come ambiente in cui il soggetto si dispiega, sia dalla dimensione dell'incontro con gli altri e dalla possibilità di ascolto, condivisione, vita di gruppo, così come dalla possibilità di conoscere, riflettere e sviluppare le proprie potenzialità.

[2] Varchetta (1999).
[3] Iori (2000).

Il valore dell'esperienza personale e collettiva si confronta allora con le radici culturali dell'organizzazione, ne esprime coerenza o discrepanza, e in questo orizzonte assume la profondità di significato, diventa replicabile, si trasforma in buona prassi.

Per le aziende orientate al progetto di EdC l'utilizzo dello strumento di condivisione e narrazione delle esperienze si pone indubbiamente sul vettore teso alla maturazione e alla crescita della comunione interna all'impresa. Una comunione che parte dalla crescita del singolo, dalla capacità di mettersi in gioco nella narrazione così come di ascoltare l'altro sono elementi sempre più importanti nello sviluppo del profilo professionale, in modo particolare per manager e responsabili. Tali elementi costituiscono i fondamenti per imparare reciprocamente, in una sorta di diffusione informale di *knowhow* funzionale all'esercizio del ruolo, ma soprattutto al raggiungimento degli obiettivi aziendali.

La condivisione delle esperienze, inoltre, nel gioco delicato e interessante di scambio, rinforza il senso di appartenenza, permettendo di provare i successi e le difficoltà altrui; migliora la capacità di condivisione degli obiettivi così come la sperimentazione dell'interdipendenza nel loro raggiungimento, sostenendo e premiando le capacità di supporto e aiuto reciproco, e trasformando a poco a poco il personale in una piccola comunità di lavoro.

Infine, se "il conoscere" è un processo attivo che avviene entro pratiche sociali situate – che coinvolgono tanto la mente delle persone (la cognizione), quanto il corpo (il sentire, la conoscenza estetica), quanto la società (le relazioni con gli altri), quanto la materialità del mondo (tecnologia, sapere incorporato dagli artefatti) [4] –, allora certamente il processo di condivisione delle esperienze può costituire un momento di diffusione,

[4] Gherardi (2003).

qualificazione e sviluppo del *knowhow* e, perché no, anche di innovazione.

Un altro tipo di dispositivo che sostiene lo sviluppo coerente della progettualità organizzativa con quella personale e differenziata delle singole persone che all'interno vi operano e vi contribuiscono è il colloquio. Si tratta di una modalità, anche spontanea, di dare spazio alle diverse opinioni, idee, proposte, che quando si inserisce nel sistema e assume struttura temporale e periodicità può diventare preziosa componente del sistema di ascolto interno e di partecipazione responsabile. Come tale porta possibili ricadute organizzative e processuali sfidanti.

Se è pienamente centrato sulla persona, su ciascun collaboratore impegnato in azienda, è spazio aperto alla diversità e all'unicità: si colloca su un piano di piena libertà, nella quale può trovare luogo di espressione anche la protesta, la "voice", quell'insieme di posizioni di criticità, disaccordo, dubbio, disagio di chi profondamente e lealmente è legato all'organizzazione e ne desidera autenticamente il bene e il miglioramento [5]. Come tale richiede, a chi se ne fa carico, capacità di profonda accoglienza, senza la pretesa di completa comprensione dell'altro che porta con sé esperienze, obiettivi e assetti mentali diversi (von Foerster, 1993 e Maturana, 2003), tanto meno l'obiettivo di dare consigli o indicazioni, quanto l'impegno a mettersi nei suoi panni per sostenere la sua autoriflessione, la possibilità di guardare con sguardo diverso le alternative di concezione e di impegno concreto, per aumentare le sue possibilità di scelta.

Questo spazio di ascolto permette di sperimentare la possibilità di essere fautori della propria vita professionale e del proprio futuro all'interno dell'organizzazione, coerentemente con le esperienze passate e le aspettative future: è in questo spazio, ancora una volta narrativo, che trovano radici e ragioni la storia di ciascuno con e dentro l'azienda, e qualora fosse il

[5] Bruni - Smerilli (2006).

caso anche fuori di essa, quando i significati diventano divergenti e gli obiettivi aziendali, soprattutto quelli relazionali e immateriali, incompatibili [6].

In questa prospettiva, a chi ha la responsabilità di attivare il sistema di ascolto (sia di volta in volta e in base agli obiettivi dei colloqui colui che si occupa della gestione del personale piuttosto che il referente produttivo diretto), se ha indubbiamente il carico di sviluppare competenze di accoglienza e di ascolto profonde, non è richiesta la capacità di dare risposta ad ogni tipologia di esigenza, quanto la profonda fiducia nella possibilità di ciascuno di essere fautore di proposte e soluzioni. Ancora una volta è nel substratum interrelazionale che si gioca la possibilità di presenza attiva nell'organizzazione, che il bene personale si concilia con quello della collettività, che i percorsi diversi vengono accomunati da una stessa meta e che ogni informazione condivisa assume significato pieno e compiuto.

L'attivazione e l'utilizzo sistematico di strumenti narrativi e ad alto tasso di relazionalità parallelamente ma in modo profondamente integrato e a supporto del sistema informativo portano alla considerazione dell'organizzazione come realtà "condizionabile", vale a dire come un sistema il cui valore complessivo è condizionato dal valore delle singole parti che lo compongono.

Per questo, iniziative di condivisione e forme di organizzazione per processi assumono il senso di esperienze organizzative sensate e sempre più diffuse, rispondenti ai bisogni delle persone che nelle organizzazioni operano, oltre che alle sfide che il mondo economico impone (basti pensare al tema della diffusione della conoscenza).

Un ambiente organizzativo che accoglie questa prospettiva «è un contesto comunicativo, in cui la conoscenza è un processo generativo e non di possesso, connessa con l'esperienza. Uomini e donne dell'organizzazione costruiscono se stessi e i

[6] Radatz (2004).

propri mondi organizzativi insieme attraverso le loro relazioni cognitive» [7].

Ecco il valore di superare la diffusa tendenza a settorializzare le informazioni, vere barriere alla condivisione quando i diversi settori aziendali – la contabilità, la qualità, la produzione, la progettazione… – le rilevano e le gestiscono con linguaggi specifici e in modo autonomo, per dare vita a processi comunicativi autentici, nella sfida di un percorso che vada a creare e comunicare un valore complesso e multidimensionale.

È un percorso in cui vengono superati i possibili opportunismi, affrontati con la consapevolezza che sono necessari passi nuovi, sperimentati in un terreno talora inesplorato, dove gradualità e pazienza sostengono la taratura e la revisione del sistema e degli strumenti, perché i valori relazionali orientanti la vita e la cultura dell'azienda possano avere traduzione gestionale coerente, anche passando attraverso modalità innovative e sperimentali.

IV.4. Dai numeri oltre i numeri

> L'amore non è una virtù, è un fenomeno che fonda il sociale.
> Il sociale si costituisce sulla convivenza in cui emergiamo come legittimi altri.
> Non tutte le relazioni umane sono sociali, e questo dipende dalle emozioni.
> Le relazioni gerarchiche per esempio non sono sociali.
>
> (H. Maturana)

I fondamenti del management, peraltro già fortemente sfidati dall'ondata della responsabilità sociale d'impresa, quando si confrontano con logiche di relazionalità, gratuità e comunione richiedono evidenti investimenti in riflessione e azione, per dare spazio operativo a contenuti che da sempre sono ri-

[7] Varchetta (1999), par. 4.1.

masti fuori dalla vita produttiva. Abbiamo considerato in questa luce l'irruzione di tali logiche nel sistema informativo e le potenzialità che ne derivano a livello progettuale e gestionale.

Eppure, nell'attualità del mondo economico e nelle prospettive antropologiche che ne derivano, sembra farsi spazio per un nuovo "archetipo manageriale" [8] che sappia essere multidimensionale, che non si chiuda in una prospettiva meramente tecnica (pur indispensabile), ma che sappia rendersi capace di abbracciare le molteplici dimensioni del vivere umano rispondendo così alle pressanti sfide lanciate dal tempo presente. Non è possibile infatti trascurare l'evidenza della realtà: viviamo in un contesto caratterizzato da complessità, per cui le risposte – anche quelle manageriali – non possono che essere complesse.

Se la visione antropologica determina il modo con cui i soggetti si relazionano tra loro, la concezione che si ha dell'impresa presenta implicazioni dirette nel modo in cui essa viene governata: considerare quindi l'impresa come una comunità di persone, dare valore alle relazioni interne a tale comunità, inserire negli obiettivi aziendali l'umanizzazione del contesto e una cultura relazionale, ha notevoli implicazioni sul piano della *governance* e probabilmente anche sulle sue forme strutturali.

Il sistema informativo, quando assume una logica partecipativa e si inserisce pienamente nella strategia comunicativa e unitiva dell'organizzazione, permette una più profonda condivisione del significato e degli obiettivi aziendali, e apre una prospettiva ulteriormente nuova rispetto al coinvolgimento degli *stakeholder*.

Mettere al centro del sistema aziendale la possibilità di costruire significati comuni vuol dire ripensare il processo democratico nelle organizzazioni, che diventano necessariamente meno gerarchiche e più reticolari, perché costruire e condividere

[8] Di Bernardo - Rullani (1990).

il "senso" può modificare anche le strategie stesse e quindi gli oggetti delle deliberazioni.

Come dire che "dove andare" (strategia) ha a che fare con "chi siamo" (identità): ma "chi siamo" è frutto di un processo relazionale interno all'organizzazione ed esterno con gli altri soggetti (non solo gli *stakeholder*), perché ogni scelta strategica ridisegna le relazioni e quindi l'identità, allo stesso tempo l'identità ("chi siamo") determina non solo il "dove andare" ma anche il "come andare", correlando ed ampliando strategia e missione. Allora è naturale pensare a processi decisionali sempre più relazionali [9].

In questo contesto forse parlare di "democratic stakeholding" [10] non è così strano se si considera con Amartya Sen che l'essenza della democrazia è la discussione pubblica, a sostenere quella doppia saldatura indispensabile e urgente fra la dimensione personale e quella organizzativa, fra quella economica e quella sociale.

Nella circolarità fra strategia ed azioni, nella loro interdipendenza e necessaria coerenza, si inserisce infine la sfida più profonda, quella della forma con cui esprimere e strutturare un'organizzazione arricchita, complicata e resa più consapevole da una prospettiva multidimensionale: una sfida che richiede l'esercizio e la concezione di un potere costruttivo, che consentono a ciascuno di valorizzare il suo ambito aziendale anziché soffocarlo, accaparrarselo o ostacolarlo [11], di utilizzarlo per ridistribuirlo attenuando i confini verticali, per generare più libertà e innovazione, nello sforzo di creare reti e cerchi e di abbattere piramidi, di generare comunità e non di costruire "tabernacoli" [12].

In questa direzione è possibile attualizzare l'esigenza, tanto affermata dall'economia civile, di collocare le persone al cen-

[9] Bruni - Parolin (2005).
[10] Zamagni (2006).
[11] Quaglino (2004).
[12] Rossi (2008).

tro di ogni strategia, di conoscerle, comprenderle, apprezzarle, responsabilizzarle, sostenerne la crescita e la realizzazione personale e professionale, improntando le relazioni organizzative, non solo quelle interpersonali, a mutualità e reciprocità, a fiducia e accoglienza. Da questo passo, consapevole, intenzionale, maturo, può nascere una vera e solida comunità aziendale nella quale le stesse prassi gestionali – dallo stile di decisione a quello di formazione, dalle modalità di reperimento e selezione del management e del personale in generale alla strutturazione dei percorsi di carriera, dalle modalità di conciliazione e allineamento tra dimensione personale e professionale – diventano congruenti strumenti di affiatamento, di comune costruzione e ricerca del valore.

Questa prospettiva amplia e innova il ruolo della *governance* e della gestione d'impresa, richiede di guardare al processo di creazione di valore non solo come ad un processo in progressione, ma come un complesso, articolato percorso in cui molteplici sono le fonti del dare e dell'avere, diversificati i contesti di generazione e sviluppo di risorse, varie le esperienze di crescita e innovazione. Quasi fosse tempo di perdere il controllo a livello strategico, per costruire e sperimentare una strategia liberata da vincoli esclusivamente materiali e aperta su una prospettiva amplificata, è stimolante immaginare nuove forme di esercizio della *governance* nelle quali memoria e previsione trovino lo spazio perché l'impresa – e chi vi opera – possa compiere il percorso per cui si è veramente costituita.

V. Le aggregazioni aziendali e i poli EdC: il primo polo brasiliano e quello italiano

V.1. Nulla di nuovo sulle aggregazioni aziendali nel terzo millennio?

In questo capitolo si analizza il ruolo dell'azienda all'interno delle aggregazioni aziendali [1] denominate «Poli Industriali» del Progetto Economia di Comunione nella libertà (EdC) chiedendoci se questa tipologia di aggregazioni aziendali [2] fornisce spunti per individuare un "nuovo" modello [3].

[1] Di primo acchito possiamo definire la relazione in questo modo: l'aggregazione o raggruppamento di aziende, latu sensu, è «ogni forma di collaborazione economica, volontaria o obbligatoria, duratura» (Galassi, 1969, p. 171). Tra le altre definizioni di aggregazione possiamo citare le seguenti: «Prendono forma molteplici rapporti associativi, che con il termine generico possiamo chiamare aggregazioni aziendali, differenti per l'ampiezza e la durata dei vincoli di congiunzione, gli scopi a cui tendono, il tipo di legame che unisce tra loro le diverse aziende» (Passaporti, 1986, p. 42), inoltre: «Il concetto di aggregazione aziendale..., designa una categoria molto ampia, qualificata in via di prima approssimazione dall'esistenza, fra unità economiche distinte, di particolari relazioni destinate ad avere un carattere durevole nel tempo e suscettibile di influenzare in modo rilevante la gestione e l'organizzazione delle stesse unità» (Lai, 1991, p. 17). Ancora «...segna il passaggio da forme di un generico interscambio di mercato a situazioni di più forte coesione e collaborazione comune» (*ibid.*, pp. 18-19).

[2] Tra gli altri si vedano: Lorenzoni (a cura di) (1992); Mancini (1999); Marchi (a cura di) (2003), p. 63.

[3] La curiosità è stata sollevata da chi si pone sempre più domande rispetto alle risposte, in particolare «All'economia politica oggi si prospetta una svolta importante che tocca direttamente temi centrali, quali la natura del mercato, della concorrenza, della libertà economica e del benessere... dell'economia civile abbiamo bisogno per interpretare la realtà che ci sta di fronte e porre rimedio a talune evidenti insufficienze dell'analisi economica»

Questo ci porta inizialmente ad analizzare ciò che dal punto di vista economico si sta aprendo sull'importanza della "reciprocità" nella qualità delle relazioni economiche [4] e l'utilizzo dello schema: *mission*, *governance*, *accountability* deve essere applicato al ruolo della singola azienda nella forma aggregativa «Polo industriale EdC».

Dall'altro, lo schema di partenza va testato all'interno dello stesso polo, se effettivamente applicabile, lasciando aperta la strada ad eventuali nuovi confini di riferimento e ad un nuovo tipo di ruolo, che le aziende giocano all'interno del polo industriale, dove la relazione "reciprocante" dovrebbe essere espressa al suo massimo livello [5].

Inoltre, in parallelo, si tenta di collocare la forma aggregativa "polo" negli studi economico-aziendali [6] da un lato e dall'altro si prova a sviluppare un ragionamento sulle modalità che la singola azienda possa modificare nelle condizioni di esistenza e manifestazioni di vita [7], in quanto facente parte del polo.

(Bruni - Porta, 2006, p. 36). Ci viene spontaneo chiederci: l'economia aziendale che cosa sta facendo? si interroga? ci sono risposte?

[4] La trattazione tradizionale dell'importanza della reciprocità è stata affrontata da Bastia (1989), p. 77. Invece su questi nuovi sviluppi si veda: Bruni (2006b), p. 89.

[5] Bruni (2006b), p. 55.

[6] A conferma dell'importanza del punto di vista aziendale, si legga: «Lo studio dei rapporti interaziendali, che a prima vista potrebbe sembrare appartenere all'economia generale o sociale, in realtà rientra direttamente nell'ambito della nostra disciplina, in quanto l'economia aziendale non può ignorare l'ambiente e tutti quegli elementi che insieme ad altri concorrono a creare le condizioni di esistenza e di vita alle singole unità di produzione e di consumo» (Riparbelli, 1962, p. VIII).

[7] Tale dizione deriva da Zappa (1927). Discorso inaugurale dell'A.A. 1926-27 nel R. Istituto superiore di scienze economiche e commerciali di Venezia, IES, Milano 1927.

Questa riflessione sottolinea anche l'importanza delle piccole e medie aziende [8], che possono operare, accanto alle grandi, in un contesto di mercato più attento alla persona.

La sfida non è semplice, in quanto le aziende dei poli EdC dimostrano un'elevata propensione all'innovazione tecnologica e spesso sono inserite, grazie al progetto di cui fanno parte, in un circuito competitivo internazionale.

Si ricrea, secondo il nostro punto di vista, quel "capitalismo delle relazioni", che in passato si basava sui canali informali, ma che ora tende a ripresentarsi sotto una nuova forma, che va coltivata e misurata in una dimensione che interroga potenzialmente tutte le aziende, innescando un processo imitativo e quindi di miglioramento dell'Economia civile [9] nel suo complesso.

Da ciò ne consegue anche il progressivo superamento della dicotomia tra relazioni competitive e relazioni cooperative [10] lasciando spazio ad un approccio che include anche quelle che non rientrano nel mercato competitivo [11], come: i circuiti della famiglia, del volontariato e delle relazioni personali.

Inoltre le relazioni aziendali diventano sempre più necessarie non soltanto per motivi economici ma rispondono progressivamente a quell'esigenza dell'azienda di incrementare anche il benessere della collettività [12] e di migliorare la qualità

[8] Per una definizione di piccola e media impresa si rinvia a: Marchini (1967); Marchini (1986).

[9] In merito al concetto di Economia civile, si rinvia a: Bruni - Zamagni (2004), p. 19; Baldarelli (a cura di) (2005), pp. 11s.

[10] «L'azienda vuole migliori condizioni operative per promuovere fattori di sviluppo ed arrestare forze negative, …per favorire il proprio equilibrio economico non contingente…» (Passaporti, 1986, p. 43).

[11] Zappa afferma infatti che i fenomeni economici sono strettamente connessi con altri fenomeni sociali: «forse non mai come nei nostri giorni i fattori sociali e politici condizionano l'azione delle forze economiche e ne risentono la vigorosa reazione» (Zappa, 1956, p. 326).

[12] Anche se all'attuale stato dell'arte l'operare aziendale travalica i confini nazionali, è interessante il riferimento allo sviluppo dell'operare azien-

della vita, nell'ottica della sostenibilità. Anche il metro di valutazione tende a cambiare con le "nuove" teorie economiche ed aziendali, per cui il grado di coesione non può essere valutato soltanto sulla base della competitività [13].

Non è una critica ai modelli e alle realtà empiriche presenti oggi ma si riscontra una tendenza verso la ricerca di fonti di "felicità" [14] planetaria, che richiede, nell'ambito delle tipologie di aggregazioni inter-aziendali tradizionali, caratteristiche ed intensità di legami diretti al raggiungimento un vettore di obiettivi economici, sociali ed etici.

Come ulteriore aspetto emerge una stretta relazione tra mondo for profit e mondo non profit [15], perché la solidarietà e la cooperazione internazionale richiedono forme di gestione a cui le aziende for profit non sempre sono in grado singolarmente di rispondere in modo appropriato [16].

Infatti le parole, che ritornano spesso in alcuni scritti più illuminanti in tema di aggregazioni aziendali, sono quelle di "correlazione" ed interdipendenza, in particolare quest' ultima

dale che Zappa intuisce: «L'Economia delle produzioni d'impresa è avvinta nell'economia della nazione come a radice o a tronco congiuntamente al quale solo può prosperare e svilupparsi» (Zappa, 1956, p. 311).

[13] La riflessione emerge dalla seguente citazione: «Ai successivi livelli di coesione evidenziati..., le imprese considerate passano da un'area di "in dipendenza competitiva", ad una caratterizzata da forti "condizionamenti competitivi"...» (Lai, 1991, p. 67).

[14] Tra gli altri, si veda Bruni - Porta (2006).

[15] La relazione in azienda è fondamentale, in questo senso: «La vita delle aziende è essenzialmente vita di "relazione"... Se la vita delle aziende è essenzialmente una vita di relazione, non vi è chi non veda l'alta utilità scientifica e pratica delle indagini intorno alle relazioni che si istituiscono fra le aziende tra loro e fra le aziende e l'ambiente economico esterno nel quale esse funzionano» (Riparbelli, 1962, p. 5).

[16] L'idea che esprimiamo deriva da quanto segue: «I rapporti di interdipendenza, che si istituiscono fra esse (aziende di erogazione - aggiunta nostra) e fra esse e le imprese, tendono a porre le più convenienti combinazioni tra ricchezza da erogare e bisogni da soddisfare» (Riparbelli, 1962, p. 26).

sembra caratterizzare il nostro tempo e ci prepara al periodo futuro [17].

Nel prossimo paragrafo analizziamo le novità, che comportano i poli rispetto alle altre tipologie di aggregazioni aziendali.

V.2. La definizione degli obiettivi nell'azienda all'interno dei poli EdC: tra orientamento etico e qualità del rischio

L'angolo visuale aziendale con cui si cerca di trarre qualche considerazione in merito alla definizione degli obiettivi tralascia le valutazioni di carattere strettamente economico, in quanto molta letteratura è già disponibile sulle cause che fanno sorgere le aggregazioni aziendali e le tipologie di accordi.

In questo paragrafo ci interessa analizzare gli elementi di novità, che ci sembrano interessanti, rispetto alla definizione degli obiettivi nei poli EdC.

I poli industriali EdC non sorgono soltanto per ragioni: economiche, di concentrazione, efficienza produttiva ed elasticità ma per essere segno visibile di un modo diverso di fare economia e quindi è calzante tenere conto delle migliori condizioni di equilibrio, di cui parlano alcuni Autori [18], anche se alcuni stu-

[17] Tale problematica non è certo nuova, infatti si può leggere: «Queste operazioni, così schematicamente riassunte e semplificate, creano quei rapporti di connessione e di interdipendenza economica e finanziaria fra organismi aziendali, la cui influenza sulla economia interna di ciascuna azienda non è stata finora abbastanza considerata, ma che, indubbiamente, costituisce un fattore decisivo di prosperità o di carenza per l'andamento delle aziende stesse» (Riparbelli, 1962, p. 27). Inoltre si legga: «...ma è indispensabile tener presente la loro coordinazione, solidarietà ed unitarietà, ricercando gli intimi e molteplici nessi che li collegano e riannodano fra loro, e considerando non solo l'aspetto presente e contingente, ma anche quello passato e quello futuro» (*ibid.*, p. 29). Ancora: «Invero, gli accadimenti d'impresa sentono molto l'influenza delle circostanze di vita economica delle aziende di erogazione, sia esse familiari, che aziende pubbliche» (*ibid.*, p. 102).

[18] Amaduzzi (1961), p. 280.

diosi lo intendevano soltanto dal punto di vista quantitativo ed economico. Invece in questo contesto parliamo anche di equilibrio sociale ed etico, che si avvicina al *common good* [19].

Attraverso l'analisi delle aziende, che appartengono ai poli industriali EdC, emerge che la scelta della loro collocazione proprio in quel luogo fisico non è soltanto in funzione di valutazioni di convenienza economica, pur presenti, dovute magari alla vicinanza a particolari vie di comunicazione, oppure legate ad altri fattori sempre economici ma per cause che attengono all'esigenza di vedere più fortemente concretizzata quella cultura economica del "dare" prima, della comunione e della fraternità poi, che ha permesso nel 1991 di far sorgere il Progetto stesso [20].

Ciò emerge con una certa insistenza dalle ricerche effettuate, sino ad ora, su di essi [21]; ci si rende conto infatti che le ragioni economiche lasciano spazio a quelle "sociali", di una realtà che vuole dimostrare la sua originalità nei prodotti e servizi offerti, attraverso una gestione più sentitamente "respon-

[19] Su questi aspetti si rinvia a Alford - Clark - Cortright - Naughton (2006).

[20] Riportiamo a questo proposito l'esperienza di Norma Mainardi titolare di un'impresa di cosmetici in Argentina che ha scelto di trasferire una succursale della sua azienda al polo «Solidaridad», che dista circa 40 chilometri dal resto dell'azienda e ce ne spiega il motivo: «Per me il fatto che si produca nella cittadella non è secondario… perché qui è formativo anche il clima che si respira tra le persone. Ed i miei impiegati lo avvertono. Infatti, per ora, veniamo solo alcuni giorni la settimana, abbiamo un'ora di viaggio da fare all'andata e al ritorno. Insomma ancora non è comodissimo sotto un certo punto di vista venire fin qui. Eppure vedi che quando è l'ora di smettere nessuno ha voglia di andare via subito, perché sono contenti di star qui. Siamo parte di qualcosa di più grande e lo avvertono. Ad esempio non tutti partecipano agli incontri di formazione nell'EdC, perché sono liberi di farlo o no. Quando però spiegano a qualcuno dei nostri visitatori il nostro lavoro, non hanno dubbi: "Siamo un'impresa EdC", chiariscono subito, e ne sono orgogliosi. Mi diceva uno dei lavoratori: "so che una parte di questo prodotto aiuterà i poveri, e questo mi fa contento"» («Economia di Comunione», n. 20, 2004, p. 16).

[21] Tra gli altri si veda: Golinelli, (2002), p. 329; Il Nostro, *Le aziende eticamente orientate*, cit.

sabile" che "sa" di futuro, in cui i soggetti giuridici rimangono distinti, mentre nel soggetto economico, come già detto, entrano a far parte nuove figure, quindi anche la definizione degli obiettivi dell'azienda del polo assume connotati differenti.

Infatti nei poli EdC le relazioni interpersonali diventano la fonte principale di vincoli, che rendono le aziende autonome, in quanto hanno scelto liberamente di entrare nell'aggregato e quindi di limitare il loro campo d'azione attraverso accordi e collaborazioni di tipo economico, finanziario o altro, ma mantengono allo stesso tempo la loro autonomia [22].

Negli elementi economico-sociali della determinazione del vettore di obiettivi, rispetto a quanto detto in passato, si può affermare che l'azienda operante nel polo EdC è spinta maggiormente ad applicare un vettore di obiettivi eticamente orientato (Baldarelli, 2005), in quanto, giorno dopo giorno, vive ed opera con aziende che condividono ed attuano gli stessi principi e valori.

Non si tratta della singola azienda "sperduta" nel globo che, in contatto con le altre, esprime un modo di definizione della *mission* diverso, che viene rispettato ma non condiviso e quindi in continuazione necessita di risposte in merito a come definirlo, comunicarlo, coinvolgere le persone che vi lavorano, cioè attuarlo concretamente. Ciò in quanto non è sufficiente l'adesione con il "cuore" ma occorrono anche strumenti concreti aziendali per applicare concretamente i principi ed i valori [23].

[22] In merito a ciò si legga: «Per autonomia economica di un'azienda si intende di solito la potestà di volere, la potestà, cioè di operare liberamente le scelte, onde è intessuta la gestione... ma la potestà non è dell'azienda bensì del soggetto economico...» (Cassandro, 1954, p. 54). Interessante su questo è anche Azzini (1974), pp. 26s.: «Ogni azienda è autonoma rispetto alle altre ma non è da queste indipendente... tali vincoli e relazioni concorrono a variamente delimitare il campo delle scelte ma non la libertà delle scelte in tale campo».

[23] Questo pensiero ci è stato suggerito dalla seguente citazione: «Ma si sa che i beni non si muovono da soli. È necessario prima muovere i cuo-

Invece, appartenendo ad un polo, l'azienda si "personifica" e quei valori di base, in cui crede, si traducono meglio nella realtà, dove le perplessità ed i problemi applicativi trovano più veloce risposta, perché si è numerosi e si trovano così l'esigenza ed il coraggio di proporre il "proprio" modello di definizione degli obiettivi e di gestione aziendale sapendo che non si è isolati [24].

Si diventa un modello "visibile" concretamente nello spazio e nel tempo, dove anche le altre aziende e gli altri aggregati di aziende che entrano in relazione, relazione voluta e necessaria per le aziende del polo, pur rimanendo nella loro base di valori e nella loro modalità di definizione degli obiettivi, possono capire meglio di che "cosa si tratta" e come si sviluppa questo tipo di vettore di obiettivi.

Le stesse, pur rimanendo della loro idea, hanno più facilmente la possibilità di vederlo, analizzarlo, valutarlo ed in genere i risultati sono di apprezzamento, a volte di ammirazione e di avvio di processi emulativi.

La *mission* si arricchisce in quello che chiamiamo rischio imprenditoriale, remunerato dal profitto, in cui gli "Uomini Nuovi", cioè la formazione per persone che hanno gli stessi valori e che sono in grado di gestire le aziende imparando ad uti-

ri, col diffondere fra più gente possibile l'idea e la pratica della fratellanza e, data la vastità del problema, di una fraternità universale» (Lubich, 2003, p. 5).

[24] Dalla viva voce di Cecilia Mannucci, che ha deciso di trasferire il suo studio di Commercialista al Polo Lionello: «...o se fosse venuto da me un cliente con un tale progetto, avrei sicuramente sconsigliato l'operazione: l'attuale situazione economica non permette troppe innovazioni... C'è però la voglia di rimettersi in gioco, di non seppellire i propri talenti, anzi di renderli alla massima potenza... Dal polo mi aspetto la possibilità di confrontarmi, di condividere, di entrare in relazione quotidiana con gli altri imprenditori, partendo non da principi utilitaristici, ma da una sfida più grande: quella di creare una comunione fra tutti, di riuscire a diventare una comunità di persone che non si chiude, si apre sul territorio "contaminandolo", in un certo senso, con la cultura del dare» («Economia di Comunione», n. 23, 2005, p. 13).

lizzare gli strumenti adeguati nel rispetto dei valori sociali ed etici e gli indigenti vengono avvinti in questo aspetto facendolo cambiare.

La "qualità del rischio" varia, perché l'imprenditore, in questo modo, non persegue un vettore di obiettivi eticamente orientato soltanto, ma eticamente orientato e qualitativamente diverso, perché insito nel rischio imprenditoriale ci sono elementi nuovi, che sintetizzano e impersonano l'astratta volontà di "dare".

Il palesare un vettore di obiettivi in questo modo comporta un'attivazione di circuiti interni ed istituzionali che, potendo apprezzare l'apporto in termini produttivi, di posti di lavoro, di rispetto dell'ambiente, di qualità della vita, spesso si sentono spinti a dare il loro contributo in termini di supporti logistici e infrastrutture.

Inoltre se la sensibilizzazione e la presa di coscienza, da parte di coloro che lavorano in un'azienda EdC situata fuori dai poli, deve essere sviluppata per conto proprio, con l'impostazione di corsi di formazione mirati a diffondere il vettore di obiettivi, nei poli in parola, questo servizio è stato pensato dalle aziende coordinatrici, servizio che viene espletato, con un notevole risparmio di costo per le singole aziende, da livello di polo ed aperto a tutte quelle che vi sono all'interno.

Per cui non si tratta soltanto di condivisione astratta di valori, ma di economie di costo nella formazione e nella preparazione dei dipendenti e dei collaboratori delle aziende, che vengono effettuate dalla società che gestisce il polo, con un forte risparmio da parte delle singole che vi appartengono.

Per terminare questo paragrafo riportiamo le parole testuali di un imprenditore: «A noi imprenditori del progetto EdC è chiesto di operare concretamente nelle nostre aziende e nei rapporti con altre aziende del progetto per dimostrare che è davvero possibile declinare la comunione anche in economia... Nostro compito è però anche contribuire con professionalità e risorse, assieme ai suoi ormai oltre tremila azionisti, a costruire il Polo Lionello... L'obiettivo è che il polo presto si popoli di aziende che prosperino operando nella dimensione della comunione, e siano una esposizione permanente di questo nuovo agire economico: che anche esso diventi, come il Polo Spartaco in Brasile "un tempio laico" di questa cultura».

Nel prossimo paragrafo vediamo come si modifica la *governance* delle aziende EdC dei poli.

V.3. La *governance* dell'azienda nei poli EdC: tra interdipendenza e reciprocità

Dal punto di vista delle modalità di governo aziendale, all'interno della mappa degli *stakeholder*, è interessante analizzare come si pone l'aggregato polo EdC rispetto all'azienda che vi prende parte, perché possiamo trarne le relative implicazioni per la *governance* dell'azienda singola.

Perciò dobbiamo definire nel dettaglio le dimensioni di analisi della *governance* dell'aggregato polo EdC, dimensioni riferite sia alle regole e ai rapporti istituzionali e di mercato, sia, sin dove è possibile, ai processi decisionali e di controllo dello stesso facendo riferimento, soprattutto in quest'ultimo caso, all'azienda che lo coordina, per collocare, di volta in volta, le modalità di governo dell'azienda del polo EdC in relazione ai diversi aspetti.

Questo ragionamento si sviluppa dall'idea che anche l'aggregazione aziendale [25] può essere elevata ad "entità", cioè isti-

[25] Tra le altre definizioni di aggregazione possiamo citare le seguenti: «Prendono forma molteplici rapporti associativi, che con il termine generico possiamo chiamare aggregazioni aziendali, differenti per l'ampiezza e la durata dei vincoli di congiunzione, gli scopi a cui tendono, il tipo di legame che unisce tra loro le diverse aziende» (Passaporti, 1986, p. 42), inoltre: «Il concetto di aggregazione aziendale..., designa una categoria molto ampia, qualificata in via di prima approssimazione dall'esistenza, fra unità econo-

tuto economico degno di essere considerato tale quasi come lo è la singola azienda autonoma.

Il discorso dell'entità può essere correlato a quella dell'azienda al suo interno, che diventa più chiara, per cui la *governance*, oltre a tutto quello che è stato detto sulla singola azienda aderente al progetto in parola: fiducia, capitale relazionale, diffusione della comunione, ecc. [26], si traduce in una maggiore apertura, perché l'azienda si rende meglio conto della propria originalità e quindi è spinta maggiormente alla collaborazione sia all'interno, sia all'esterno del polo.

Le motivazioni di questa maggiore apertura sono da ricercare in primo luogo nei rapporti istituzionali e di mercato, che il polo EdC instaura, in secondo luogo nella presenza del "socio nascosto", rappresentato dalle situazioni di povertà vicine e/o lontane. Di questi due aspetti parleremo di seguito.

Nei rapporti istituzionali, l'aggregato polo è considerato interessante nei confronti dello sviluppo economico, soprattutto in paesi dove si stanno cercando modelli di aziende, che permettano di rispettare l'ambiente e contemporaneamente creare posti di lavoro.

In quanto in essi la gestione delle "esternalità" assume un carattere multidimensionale [27], dove l'evoluzione del contesto ambientale ed istituzionale non può essere considerato ester-

miche distinte, di particolari relazioni destinate ad avere un carattere durevole nel tempo e suscettibile di influenzare in modo rilevante la gestione e l'organizzazione delle stesse unità» (Lai, 1991, p. 17). Ancora: «...segna il passaggio da forme di un generico interscambio di mercato a situazioni di più forte coesione e collaborazione comune» (*ibid.*, pp. 18-19).

[26] Su questi aspetti si veda Baldarelli (2003), p. 96.

[27] In merito è interessante: «Fra i contributi più importanti... vanno ricordati quelli che si pongono nella prospettiva di analizzare la correlazione fra l'evoluzione del contesto ambientale ed istituzionale, osservato in un momento di particolare intensità dell'innovazione tecnologica, e le vie attraverso cui le imprese fanno uso di "risorse esterne" per perseguire appunti i propri obiettivi istituzionali. Si parla per questo di "gestione delle esternalità"» (Lai, 1991, p. 64).

no alle aziende del polo, che interiorizzano queste problematiche e per scelta decidono di farvi parte.

Nel contesto istituzionale, l'attenzione verso gli indigenti assume piena rilevanza e questo richiede uno stretto rapporto con le organizzazioni [28] e le aziende non profit [29], il rapporto con i governi, e con la collettività sociale, vicina e/o lontana.

Ci si chiede come agiscono le situazioni di povertà vicine e lontane, a cui è strettamente legata l'attività delle aziende del polo attraverso la distribuzione di un terzo dei loro utili: si tratta di un'azione di sostegno o di "disturbo"?

Le modificazioni e i condizionamenti, che vengono apportati grazie anche alla provvidenza, mettono in moto all'interno dell'azienda una serie di circuiti, che non sminuiscono la sua specificità, anzi l'accentuano, come accennato in precedenza.

Per cui, la tipologia di condizionamenti, che può fornire il polo, "stimola" la singola azienda a trovare sue proprie vie, metodi e strumenti per far agire la provvidenza- "socio nascosto" al suo interno, in una combinazione composta dal processo decisionale e dalla motivazione che, soltanto nelle combinazioni economiche di quella specifica azienda, si può sviluppare [30].

Anzi, direi che è proprio la specificità nella molteplicità, che permette all'impresa del polo EdC di utilizzare al meglio le sinergie, che sono presenti in esso. Senza questa "ricerca"

[28] Una chiara distinzione tra azienda ed organizzazione è contenuta in Galassi, 1969, pp. 226s. in cui l'organizzazione viene definita come: processo decisionale, comportamento delle persone e autorità. Un'altra interessante definizione di organizzazione è quella di Barnard: «Sistema di attività consapevolmente coordinata da due o più persone» (Barnard, 1976, p. 73).

[29] Per una definizione di azienda non profit, si rinvia a: Matacena (1998).

[30] Infatti dall'esperienza di un imprenditore: «...nel dialogo vero il parlare e l'ascoltare emergono da un "vuoto creativo" che dà spazio ad un ascolto interiore ed esteriore. Parlare e ascoltare, diventano parte di un tutto che aumenta l'unità di gruppo. Da essa emerge la sapienza per condurre l'impresa» (Libholz, 2005, p. 6).

della specificità, l'azienda perderebbe la sua "identità" lasciando il posto soltanto ad una gran confusione.

Inoltre la specificità è tra azienda di un polo e quella di un polo situato in un paese diverso, in quanto il "radicamento" è propositivo e, allo stesso tempo, è rispettoso del contesto economico, sociale, etico e culturale nella zona in cui insiste.

Infatti è proprio nella "specificità" di ciascun polo, che la "rete mondiale" dei poli diventa "ricca, efficiente e bella", in cui è possibile, proprio per questa specificità corale, sviluppare a pieno le sinergie, che sono possibili a livello mondiale, non soltanto tra aziende all'interno dei poli ma anche con tutte le altre aziende e le altre aggregazioni, che non fanno parte del progetto, anche se sono addirittura agli antipodi.

Si crea così un tessuto diverso ed anche l'uso delle risorse esterne non viene più considerato soltanto come un uso economico, ma un co-utilizzo, cioè nella logica del "fare insieme", in cui la parola "uso" va in parte rivista.

I poli EdC non si costituiscono come "centri di potere", anche perché la dimensione e l'incidenza nel sistema economico è molto limitata, però attirano l'attenzione dei governi per la qualità delle relazioni che riescono ad attivare all'interno e all'esterno degli stessi, come anche Zappa afferma sottolineando l'importanza della cooperazione inter-aziendale, non soltanto a fini di miglioramento economico ma anche di quello sociale [31].

Ci avviciniamo alla definizione di modalità di governo, che è intesa come processo decisionale e modalità di controllo ed in merito a questo le aziende dei poli EdC, proprio perché

[31] In merito è interessante quanto segue: «La vita economica non può essere feconda, che nella cooperazione prestata dall'uomo alle diverse società che sole possono consentirgli una vita profittevole, nella simultaneità o anche solo nella successione dei tempi, a se stesso e ad altri... L'avanzamento degli uomini e delle società per essi costituite comporta un'ampia e complessa opera di coordinazione delle diverse attività sociali ed economiche... e nel perfezionamento assiduo delle relazioni umane» (Zappa, 1962, p. 318).

ne fanno parte, sviluppano una serie di sinergie, che permettono alle risorse interne di svilupparsi meglio e con maggiore celerità.

Nei poli la validità delle interdipendenze e l'autonomia delle singole unità [32] vengono espresse al massimo livello, in quanto la libertà dei singoli si palesa nell'espressione della creatività individuale, che tende a superare la decisione autonoma aziendale, per garantire un processo partecipativo e di comunione di intenti di tutte le aziende del polo.

Questo processo, se letto dal punto di vista della configurazione della proprietà e degli assetti di potere, non corrisponde né ad un'aggregazione formale [33], in cui il rischio è del gigantismo e può portare alla perdita dei requisiti di aziendalità delle partecipanti e dello stesso gruppo, sfociando in un "isomorfismo" che non trova nessuna tipologia di stabilità [34]; né, all'opposto, ad un'aggregazione informale [35], dove si rischia che l'aziendalità non esista, per la precarietà degli accordi o per l'eccessiva ingerenza nella gestione delle singole aziende da parte di quella dominante.

Infatti nella definizione standard delle "reti", il concetto si sofferma su ben delineate linee di confine, tra cui: la continuità delle relazioni, le interazioni reciproche anche in presenza di asimmetrie informative ed inoltre le relazioni che si

[32] Lorenzoni (1990), p. 124.

[33] Per una definizione di aggregazione formale si rinvia, tra gli altri, a Passaporti (1986), p. 43.

[34] In merito si legga: «In sintesi, benché sopravvivere significhi quasi sempre ed inesorabilmente crescere, si deve comunque ricordare che la crescita non può e non deve essere fine a se stessa: affinché lo sviluppo, anche solo dimensionale, sia veramente efficace, deve essere pensato e realizzato senza perdere di vista l'obiettivo ultimo di preservare la capacità di creare valore, "fine" strumentalmente assegnato a qualsiasi attività economica in forma aziendale» (Broglia Giuggi, 2001, p. 150).

[35] Per una definizione di aggregazione informale si rinvia, tra gli altri a Passaporti, 1986, p. 43.

instaurano tra l'azienda e la rete di aziende modificano in modo permanente le relazioni che si instaurano all'interno delle aziende che vi appartengono [36].

Nei poli EdC non si verificano tutti gli aspetti riscontrati nelle reti ma si attua la reciprocità, che non si limita al passaggio da un rapporto unilaterale ad un rapporto bilaterale [37], ma ad un concetto di reciprocità più ampio, che comprenda più tipologie di reciprocità, cioè cauta, *philia* (amicizia) e coraggiosa (Bruni, 2006b).

Secondo il nostro punto di vista, in una prospettiva evolutiva delle aggregazioni aziendali, si può anche individuare il "grado di reciprocità" in esse presente.

Infatti nei poli EdC, essendo luogo fisico per eccellenza dove il progetto in parola trova la sua concretizzazione più evidente, secondo me non solo prevale la "reciprocità coraggiosa", ma questa trascina con sé un comportamento imitativo, che abbiamo definito reciprocità intraprendente, anche per tutte le altre aziende del polo stesso.

Per cui le altre tipologie di reciprocità, pur presenti, tendono ad avvicinarsi sempre di più a quella coraggiosa, soprattutto nei confronti di tutte le aziende che operano nel mercato.

Si verifica perciò quella scintilla necessaria ad innescare alcuni dei circuiti virtuosi, che fanno del mercato un mercato di qualità sociale, inserendo i poli EdC come motore vero di un'Economia civile più solida.

Ciò porta a sviluppare confini meno circoscrivibili, più magmatici e più difficili anche da definire e di conseguenza da gestire e controllare, nelle reti sembra che i confini siano facilmente qualificabili, per cui il problema della labilità non si pone, si pone nel momento in cui i confini si allargano.

[36] Sulla definizione di reti si vedano, tra gli altri: Lai (1991), pp. 101s.; Mancini (1999), p. 65.

[37] Su questo concetto si è espresso Williamson (1987), p. 312.

Se nei poli EdC lo scambio sociale [38] deriva da un modo di essere delle aziende, che è anche reciprocante e quindi prima di tutto "sociale", di conseguenza la relazione si sviluppa con più facilità, per la condivisione delle culture e quindi della conoscenza.

Si individua inoltre nel processo di adattamento l'elemento cruciale, che è rappresentato dalle relazioni inter-personali, che nei poli industriali sono cementate dalla base dei valori comuni, a cui i partecipanti aderiscono e quindi ad un linguaggio che è già in parte comune prima che si avvii il processo di partecipazione al polo.

Dall'azienda nella rete [39] all'azienda nei poli EdC

Caratteri della rete	Caratteri dei poli EdC
1) Frequenza elevata e continuità delle relazioni	Similarità nei poli EdC
2) Reciprocità dei flussi interattivi, pur in presenza di asimmetrie informative	La reciprocità assume varie forme, ma quella sempre presente è la reciprocità che è sempre aperta alla cooperazione
3) Le relazioni esterne condizionano e modificano in modo permanente le relazioni interne	Le relazioni esterne e quelle interne interagiscono e si modificano in un processo reciproco

[38] Infatti si legga: «Gli accordi e le relazioni che si sviluppano, prima di essere uno scambio economico e produttivo, si sostanziano in un rapporto tra due soggetti basato sulla fiducia reciproca, si tratta di uno scambio sociale» (Mancini, 1999, pp. 95-96). Inoltre: «Il concetto di scambio sociale fa perno sulla condivisione di valori e di norme di comportamento, sulla fiducia reciproca. Tale situazione di reciprocità discende da due processi di interazione: il processo di scambio e quello di adattamento» (*ibid.*, pp. 112-113). In questo senso anche: Boari - Grandi - Lorenzoni (1992), pp. 306-308.

[39] Le considerazioni che seguono sono tratte da Lai, 1991, p. 101.

Caratteri della rete	Caratteri dei poli EdC
4) Pluralismo strategico (le imprese perseguono obiettivi propri)	Obiettivi propri, ma volti a raggiungere un obiettivo comune già pre-ordinato di ordine etico e valoriale: dare, comunione e fraternità
5) Linguaggio condiviso	Linguaggio antropologico condiviso, da cui deriva quello economico-aziendale
6) Impresa coordinatrice che coordina soltanto	Presenza di un'impresa che procura i primi finanziamenti per l'avvio dell'attività del polo e delle aziende all'interno di esso, fornisce servizi alle aziende del polo e coordina in parte le attività
7) Eventuale presenza di un'impresa leader, che si avvalga anche di altre reti per sviluppare progetti	Nei poli l'imprenditorialità limitata diventa più diffusa e inoltre non esistono per definizione della reciprocità le imprese leader, ma il coordinamento sostanziale, effettivo e paritario per tutti i membri
8) Si tratta di reti di aziende for profit	Sono reti "miste", costituite da aziende for profit ed aziende non profit
9) Coinvolge aziende di piccole e medie dimensioni	Il polo EdC non è strettamente legato alle aziende di piccole dimensioni, anche se la maggior parte sono di questa dimensione, inoltre il polo ingloba gli aspetti della «fiducia reciproca basata su comportamenti non opportunistici e sulla trasparenza» (Lorenzoni, 1990, p. 57), ma si trasforma in una "rete" di "Comunione".

All'attuale stato dell'arte le dimensioni che permettono di circoscrivere un'aggregazione vengono definite su una base prevalentemente *strumentale* [40], che considera il grado di integrazione tecnico-economica, il grado di coordinamento ed il grado di dominanza.

[40] Infatti si legga: «sotto il profilo di osservazione complessiva dei fenomeni aggregativi, si deve notare che i processi di aggregazione, quali che siano le finalità per cui essi hanno origine e trovano compimento, da un lato sono suscettibili di modificare i caratteri di funzionamento delle unità che danno vita all'aggregazione, dall'altro disegnano un nuovo e complesso sistema di produzione e di distribuzione della ricchezza, in cui ciascuna unità economica svolge un ruolo complementare e strumentale a tale processo» (Lai, 1991, p. 69).

Nei poli EdC qualsiasi schema strumentale sembra troppo circoscritto, perché i legami possono essere anche complementari, ma la logica che sottende ad essi non è utilitaristica, infatti il grado di coordinamento è forse la dimensione che meglio si attaglia ai poli EdC anche se non strumentale.

Invece il grado di integrazione tecnico-economica non si può quasi mai applicare ai poli EdC ed anche il grado di dominanza non è applicabile per le modalità di gestione corale del polo stesso.

Quindi dal punto di vista delle variabili esplicative dell'aggregato polo, si considerano le seguenti caratteristiche, di cui la prima è il bassissimo grado di integrazione economico-tecnica, la seconda considera il basso grado di dominanza, senza perseguire finalità di controllo dell'offerta(!) [41].

Il grado di coordinamento nei poli EdC si basa su questi aspetti: integrazione economico-tecnica, ottimizzazione del reperimento delle risorse finanziarie, quest'ultimo in particolare potrebbe essere un valido motivo a supporto del polo EdC.

Il grado di dominanza invece nei poli EdC non ci sembra molto utile, io lo cambierei con il grado di collaborazionc orientativa, in quanto, pur essendo un organismo sovraordinato nella società che in qualche modo " coordina" il polo, il processo decisionale viene sviluppato insieme a tutte le altre aziende, per cui non si tratta di una vera dominanza.

Quindi nel polo si può notare la discrezionalità lasciata nelle scelte, che concede ampio spazio all'autosufficienza dell'azienda rispetto all'aggregato.

Alcuni autori hanno trattato dell'impresa-guida e di micro impresa; nella realtà dei poli EdC non è presente l'impresa guida, nel senso indicato dagli autori [42] che si sono occupati di tale argomento, come impresa leadership ma ne emerge

[41] Lai (1991), pp. 86s.

[42] Tra gli altri si vedano: Bastia (1989), pp. 45s.; Lorenzoni - Lomi (1992), pp. 1-19.

un'impresa-guida "immateriale", che si realizza in una visione dell'imprenditorialità più alta, che offre un apporto fattivo al miglioramento del benessere della collettività vicina attraverso la creazione di nuovi posti di lavoro, e lontana attraverso il sostegno a situazioni di povertà, o per creare là posti di lavoro alimentando il micro-credito o altre attività in loco.

Infatti si tratta di *intangibles* diversi, che non emergono da relazioni dirette, ma da un collegamento ed un fine che vanno al di là della semplice appartenenza al polo, in una visione di imprenditorialità diffusa, e la guida è data proprio dalla rete economica e di solidarietà in sé.

I poli, per le loro caratteristiche, possono rappresentare uno dei contributi, in termini di aziende, a un nuovo sviluppo della *we-rationality*, cioè allo sviluppo del capitale sociale [43], che assume oggi molta rilevanza per un futuro dove la razionalità è mitigata dalla creatività e dalla sensibilità delle persone.

I poli rappresentano, da questo punto di vista, una "terza via", rispetto alle aggregazioni formali ed informali, che vede insito nell'impostazione del rapporto tra le diverse aziende, il rispetto della propria identità, nella visione di una crescita reciproca, nella considerazione in prima battuta, che "sembra" un'unica azienda, ma in realtà ne sono molteplici e tutte con una loro ben precisa individualità.

[43] La *we-rationality* e il capitale sociale sono aspetti che hanno affrontato studiosi di diverse discipline, a cui rinviamo per ovvi motivi di scelte e di spazio, però qualche riflessione in nota ci sentiamo di effettuarla, infatti «...sono capitale sociale solo quelle norme che portano alla cooperazione all'interno del gruppo... nasce solo in rapporto a personali vissuti ed è una necessità dei singoli... allo scopo di raggiungere i propri fini» (Di Ciaccio, 2004, p. 133). Inoltre: «Il capitale sociale è un'acquisizione personale a favore e all'interno di un gruppo, come virtù sociali, propensione alla socialità»... «Le virtù individuali sono "la capacità di lavorare sodo, la frugalità, la razionalità, l'attitudine al rischio e alle novità". Le virtù sociali sono "l'onesta e il servizio" alla comunità, e sono prerequisiti per quelle individuali» (*ibid.*, p. 132). Inoltre si veda: Fukuyama (1999), pp. 40s.

L'unico vero problema è l'intensità del dialogo con tutte le altre aziende, le aggregazioni aziendali e le realtà economiche, perché l'assenza di questo decreterebbe il lento declino della realtà dei poli EdC.

Posto che il controllo relazionale apre le porte a tutta una serie di considerazioni sugli strumenti "tradizionali" di controllo e che dal punto di vista "economico" è necessario considerare l'efficienza, l'efficacia e l'equità delle relazioni [44]. Ci poniamo una serie di domande che restano aperte e ci danno materiale per future riflessioni: «Come si misurano e si valutano l'efficienza, l'efficacia e l'equità nell'azienda all'interno del polo?».

In merito all'equità delle relazioni, dal punto di vista organizzativo, è necessaria una figura o una posizione organizzativa che sia in grado di mantenere gli aspetti cooperativi nel polo EdC, è l'azienda responsabile del polo a fare da coadiuvante per l'attuazione concreta di queste modificazioni.

Analizzata la parte relativa alle modalità di governo dell'azienda nei poli EdC, nel prossimo paragrafo diamo qualche cenno alle modalità di *accountability*.

V.4. L'*accoutability* delle aziende nei poli EdC: cenni

All'attuale stato delle nostre ricerche teoriche ed empiriche siamo in grado di fornire soltanto alcune riflessioni in merito all'argomento di questo paragrafo, in quanto è stato già impostato e descritto il ragionamento e si è provato, nei precedenti capitoli, a dare un abbozzo di modello di *accountability* per le aziende EdC.

In questo paragrafo vogliamo riflettere soltanto sull'*accountability* dell'azienda che fa parte della rete, senza ripetere

[44] Mancini, 1999, p. 181.

quanto già detto, concentrandoci su alcune iniziali riflessioni, che saranno approfondite in future ricerche.

A questo proposito ci sembra illuminante quanto segue: «Questi imprenditori non creano attività nei poli a seguito di un calcolo economico: anzi, la storia di tutte le aziende oggi in essi operanti dimostra che nessuna di esse sarebbe nata se si fosse seguito il semplice calcolo economico: se si fossero fatti i calcoli applicando i normali criteri di contabilità, tutte, nessuna esclusa sarebbero risultate in perdita: la logica del *business plan* le avrebbe bocciate» [45].

La misurazione richiama quanto abbiamo affermato in precedenza e in realtà potrebbe variare poco se si guarda agli strumenti tradizionali, tranne una copiosa presenza di risorse immateriali.

La presenza del carattere della rete permane ed aumentano sicuramente le transazioni all'esterno dei poli EdC, non è però detto che aumentino i costi delle transazioni. Infatti il paradosso è che il valore aggiunto, nonostante la "non" concentrazione industriale [46], dovrebbe aumentare per effetto della "leva" sociale che ciascuna azienda, attraverso il polo, effettua in termini di posti di lavoro, i 2/3 dell'utile destinato per scopi sociali.

Secondo me lo schema da prendere in considerazione come schema relativamente nuovo è quello del valore aggiunto globale nella sua ripartizione nell'azienda-rete (Catturi, 2004), cioè la prospettiva dell'azienda e quella dell'ambiente si intersecano, per approssimazioni successive, prima a livello di azienda nella rete [47], successivamente a livello di aziende della

[45] Ferrucci A., *La sfida dei poli produttivi*, in «Economia di comunione», n. 23. 2005, pp. 4-5.

[46] Sulle differenze tra concentrazione economica e concentrazione aziendale, si rinvia a: Vivarelli (1967), da p. 119.

[47] Infatti si legga: «Per questi motivi, la ragioneria, che è la disciplina della interpretazione e rilevazione quantitativa dei fenomeni aziendali, deve inserire nei suoi studi teorici e pratici, l'indagine sulle relazioni interazien-

rete, in terzo luogo a livello di rete di aziende rispetto alle altre reti e infine a livello di reti dei poli industriali del mondo.

V.5. Il Polo Lionello di Incisa Val D'Arno: la fase istituzionale

L'idea della costruzione di un polo industriale italiano, facendo seguito a quello sorto in Brasile sin dai primi anni Novanta [48], di cui ci occuperemo nel prossimo paragrafo, è maturata nel 2001, in occasione del decimo anniversario della nascita del progetto EdC per le principali ragioni che seguono, di cui la prima riguarda lo stimolo proposto da economisti, che da tempo stanno studiando il progetto.

Gli stessi avevano individuato l'importanza di rendere visibili il più possibile esperienze interessanti di aziende come l'EdC e di superare la cosiddetta "massa critica" [49].

La seconda ragione è legata all'esigenza di rendere maggiormente visibile il progetto, sia per le aziende che hanno deciso di aderirvi, sia per tutte le altre che sono interessate a conoscerne il funzionamento, anche in funzione dell'impostazione di aggregazioni con aziende esterne al progetto.

dali in quella forma ed ampiezza che saranno successivamente chiarite. In altri termini la ragioneria, fornendo dati a valore e dati quantitativi opportunamente elaborati e interpretati, deve contribuire alla migliore conoscenza delle correlazioni ed interdipendenze fra gli organismi aziendali» (Riparbelli, 1962, p. 216).

[48] Golinelli (2002).

[49] In questo senso si espresse Zamagni nel suo intervento al convegno: «Quali condizioni devono essere soddisfatte perché l'EdC possa raggiungere la massa critica… la prima condizione è quella di avviare una strategia, chiamiamola di alleanze, con quelle altre esperienze che, operando in campo economico e sociale si richiamano a principi consoni… Dobbiamo arrivare al punto, in cui nei paesi in cui l'EdC opera, si giunga ad alleanze di un tipo o dell'altro (intervista al prof. S. Zamagni, in «Economia di comunione», n. 14, 2001, p. 11).

La terza ragione è collegata alle aziende EdC nel loro complesso, che, dopo 10 anni, essendo numericamente aumentate, avevano bisogno di formazione e di sperimentazione per poter attuare bene nella realtà i principi del progetto in parola.

Perciò si è ritenuto necessario prima individuare luoghi fisici in cui vedere concretamente i frutti economici della cultura del "dare", come avvenne a suo tempo in Brasile. In Italia si decise di impostare un progetto per far sorgere nei pressi di Loppiano, ad Incisa Val d'Arno, un polo industriale avente le caratteristiche proprie delle aziende EdC, in cui si potesse respirare e soprattutto si vivesse l'orientamento etico specifico del progetto in tutti gli aspetti della gestione aziendale.

Venne preso come base il progetto originario in cui la presenza del detto "siamo poveri ma tanti" era stato lo slogan che aveva portato l'Espri spa a coordinare il Polo Spartaco del Brasile ed aveva permesso, a suo tempo, il raggiungimento del minimo capitale necessario per costruire i capannoni ed iniziare le attività delle aziende [50].

[50] Interessante per capire l'orientamento della società che inizia l'attività del polo, l'intervista a Rodolfo Leibholz - Presidente dell'Espri, che attualmente conta di 3.650 soci. «Adesso sentiamo di dover curare i dettagli e mettere pienamente in pratica le "linee per condurre un'impresa di Economia di Comunione...". Esso ci porta innanzi tutto a ottimizzare e non a massimizzare. L'Espri e le aziende del polo (Spartaco) cercano il profitto tenendo presente la destinazione che avranno gli utili... Questa realtà esige che non si abbiano divisioni all'interno dell'azienda, né con i fornitori, né con i clienti. Invece del confronto che crea divisione, devono sorgere gruppi di lavoro, accordi e partnership... A livello macroeconomico, le nazioni cercano di massimizzare la crescita del PIL pensando così di assicurare il benessere della popolazione. ...Nell'EdC questi indicatori sono importanti, ma devono essere in equilibrio e armonia con le persone nell'insieme. Dunque, il concetto di sviluppo è legato al successo economico, ma deve essere finalizzato a soddisfare le necessità umane. Il risvolto più importante di questo nuovo concetto di sviluppo sta nel fatto che esso richiede un chiarimento su ciò che significano ricchezza e povertà» («Economia di comunione», n. 17, 2002, pp. 11s.).

Si decise infatti, per il polo italiano, di mettere il valore nominale delle azioni a 50 Euro, per permettere a tutti, indipendentemente dal livello di reddito, di essere soci della Società di coordinamento del polo, che si sarebbe chiamata EdC spa.

La *mission* del polo industriale si può sintetizzare in: «Lo scopo del polo è essere testimonianza concreta e visibile del progetto di Economia di Comunione in Italia. Oltre alle aziende che vi si insedieranno, il polo collega quelle aziende che ad esso si rifanno o che vi si orientano» [51].

All'articolo 36 dello statuto si legge che il 30% degli utili, detratte le riserve di legge, è devoluto ad un fondo speciale per i bisognosi [52].

Il polo è stato studiato per essere flessibile ed avere una superficie di lavoro che va dai 7.400mq ai 11.400mq. Dove possono essere accolte aziende di produzione di beni e di servizi e uffici commerciali disposti in relazione alla tipologia secondo il progetto stesso.

Nel maggio 2003 è stato acquistato il terreno e, dopo alcune interruzioni dei lavori, nel 2005 i lavori sono ripresi senza interruzioni e alla fine del 2005 gli imprenditori, che hanno deciso di insediarsi nel polo, hanno iniziato i traslochi.

Dal punto di vista della *governance* si vuole stimolare soprattutto il dialogo intra-aziendale e con le istituzioni, che rappresenta l'elemento più importante alla base della comunione, che deve essere la filosofia di gestione delle aziende e questo è utile anche per prevenire le crisi aziendali [53].

[51] «Economia di comunione», n. 19, 2003, p. 10.

[52] Inoltre si è inserito all'art. 24.2, che i soci con una partecipazione azionaria superiore al 5% del capitale potranno esercitare il diritto di voto soltanto sino al 5% del capitale stesso. Tale regola non lede nessun diritto, in quanto tutti i soci all'attuale stato dell'arte hanno un capitale inferiore al 5%.

[53] Dalla viva voce di un imprenditore: «le crisi delle aziende spesso nascono dalla incapacità di comunicare, mentre il dialogo, eliminando le divergenze, diventa il mezzo per raggiungere armonia, creatività e amicizia». Ancora: «Il dialogo profondo è poco sperimentato nella presente cultura

Questo è concretizzato con un'attività di coordinamento dell'EdC spa, che si realizza attraverso la predisposizione di servizi "centralizzati" tra i quali la formazione per le aziende del polo, formazione importante per acquisire la base di valori comuni e per diventare esperti negli strumenti utili per attuarli concretamente nell'azienda ed in altri servizi che prevedono, tra gli altri, anche l'organizzazione delle visite al polo stesso che si prevede sarà meta di singoli e gruppi che verranno da tutto il mondo per vedere il funzionamento dell'EdC in Italia.

Il sistema di governo societario che è stato scelto è quello ordinario; si è ritenuto in questo modo di coinvolgere maggiormente la base azionaria dei soci nell'ottica della comunione che è alla base del progetto EdC stesso.

L'azienda, che si trova ad operare nel polo, riesce più agevolmente a perseguire un vettore di obiettivi eticamente orientato, come già detto, in quanto si trova strettamente collegata alle altre e con le altre può instaurare un dialogo costruttivo, ma sentiamo dalla viva voce degli imprenditori - EcieCitylights: «La ragione principale dell'installarci nel polo è il desiderio di essere pienamente parte del progetto EdC, ma naturalmente cercheremo nuove opportunità e sinergie con le altre aziende che aderiscono all'Economia di Comunione. Il nostro obiettivo è che l'azienda cresca ed operi in un mercato capace di produrre utili da condividere con gli indigenti... quel "di più" insomma, intrinseco nel progetto di EdC: "la cultura del dare" che ci attrae» [54].

Quello che emerge non sono i contenuti tecnici o economici, ma la più diretta condivisione di valori applicati alla realtà, come anche afferma uno dei proprietari dell'Alberto Ricami and Partners: «...ho visto nell'EdC un aspetto del vivere economico che mi piace e che completa la mia attuale

aziendale. Nelle imprese dell'EdC esiste però questa tensione a rendere la comunione una pratica di ogni giorno» (Leibholz, 2005, p. 6).

[54] Maggi M. (2005), *I primi imprenditori del Polo Lionello*, in «Economia di comunione», n. 23, p. 11.

"dimensione". Così pure, anche se con diversi accenti, i miei amici... sono tendenzialmente un pratico ed ho accettato questa scommessa perché stare nel polo in un certo senso "mi costringe" a vivere più pienamente i contenuto dell'Economia di Comunione» [55].

Così anche Giovanni Mazzanti della GM&P consulting: «Quando è nato il Polo Lionello siamo stati felicissimi. Ci sembra che costituisca un'occasione concreta di comunione delle competenze ed esperienze tra le persone e tra le aziende coinvolte nell'intero progetto. Per noi il polo offre soprattutto un'opportunità per vivere i valori di cui si diceva sopra, in particolare nel campo della consulenza» [56].

Ancora Cecilia Mannucci, commercialista: «Dal polo mi aspetto la possibilità di confrontarmi, di condividere, di entrare in relazione quotidiana con gli altri imprenditori, partendo non da principi utilitaristici, ma da una sfida più grande: quella di creare una comunione fra tutti, di riuscire a diventare una comunità di persone che non si chiude, si apre sul territorio "contaminando", in un certo senso, con la cultura del dare» [57].

Dopo aver analizzato la fase istituzionale del Polo Italiano, prendiamo in esame il primo polo che è stato costituito in Brasile: il Polo Spartaco.

V.6. Il Polo Spartaco in Brasile: la fase di consolidamento e la diffusione dell'iniziativa

I poli sono sorti prevalentemente nei paesi più poveri, proprio per dare un contributo concreto a sollevare le situazioni di povertà di tali paesi; la località di insediamento è in

[55] *Ibid.*, p. 12.
[56] *Ibid.*
[57] *Ibid.*, p. 13.

genere situata vicino a un luogo dove è già presente un nucleo residenziale di famiglie.

Il Brasile, oltre ad essere la culla della prima esperienza di aziende del progetto in parola, ha visto anche la nascita del primo polo industriale, in una zona vicino San Paolo, con forti vincoli ambientali, che è stato denominato inizialmente Polo Spartaco.

All'attuale stato dell'arte la società che lo gestisce è L'ESPRI S.A., che si è costituita nel 1993 ed oggi annovera più di 3.000 soci; infatti la logica dei poli è di formare aziende, a larga base azionaria, che li gestiscono, in modo da dare la possibilità di contribuire, attraverso l'acquisto di piccole quote del capitale sociale, anche a coloro che non hanno grandi disponibilità finanziarie.

Successivamente si può avviare la costituzione ex novo o il trasferimento di aziende che siano in grado di produrre utili, che possono essere destinati, per un terzo rispetto al reddito complessivo, a sollevare le situazioni di povertà vicine, se presenti, oppure lontane.

Il Polo Spartaco comprende le seguenti aziende di produzione: «La Tunica» che produce confezioni, «La Rotogine» che produce fosse asettiche, serbatoi per l'acqua e materiale plastico, «L'Eco-Ar» che produce prodotti per la pulizia, «La Prodite» che distribuisce prodotti farmaceutici e l'«Uniben» che si occupa di fornire finanziamenti, attraverso soprattutto il microcredito, sia alle aziende del polo, sia ad altre aziende, che ne manifestino la necessità, intanto si è già costruito il sesto capannone per un'altra azienda che ha iniziato la sua attività nel 2001.

Al di là delle caratteristiche che possono avvicinare i poli a forme di aggregazione già conosciute ci sembra di individuare delle peculiarità del progetto in parola e rispetto ad altre aggregazioni di aziende.

La prima delle principali peculiarità riguarda la contemporanea estensione, a più aziende nello stesso luogo, di quella che è la capacità di accumulare capitale relazionale ed umano; essa si traduce concretamente, da un lato in un aumento della produttività e quindi dell'efficienza di tali aziende, in secondo luogo, conseguente al primo, nella possibilità di incrementare posti di lavoro ed il terzo luogo nel rispetto e nella salvaguardia dell'ambiente circostante.

Riportiamo a conferma alcune espressioni degli operatori del posto, parla uno dei responsabili della Tunica: «Il nostro obiettivo è questo: partecipare all'EdC, con le sue finalità, ma anche portare nel campo della moda un messaggio nuovo, una moda che rispetti la personalità della persona, una moda che sia anche espressione di questa personalità. Cerchiamo di creare un clima di famiglia con loro (dipendenti), condividendo i pasti per esempio, così è più facile conoscerci ed aiutarci a risolvere problemi anche familiari, personali» (Ferrucci, 2001, p. 354).

Riportiamo ora alcune espressioni di uno dei responsabili della Eco-Ar in merito alla protezione ambientale: «L'acqua di lavaggio viene trattata qui e poi viene consegnata ad un ente che si occupa dello smaltimento. I rifiuti sono riciclabili e li vendiamo ad imprese che riciclano. Per noi è molto importante la coscientizzazione dei dipendenti alla questione della difesa, del rispetto e della promozione dell'ambiente» (*ibid.*, pp. 358-359).

Infine, rispetto all'incremento dei posti di lavoro e alla creazione di capitale relazionale, riportiamo l'esperienza di uno dei responsabili della Prodite: «Attualmente l'impresa dà lavoro a 4 persone. In un futuro prossimo però, vista la notevole quantità di contratti, pensiamo di assumere almeno altre 5 persone così potremo aiutare un po' questa regione».

Ancora: «...Ogni mese ci incontriamo con tutte le imprese del polo e con un rappresentante dell'ESPRI, per mettere in comune le difficoltà... per esempio il problema della sicurezza riguarda tutti e insieme cerchiamo di affrontarlo» (*ibid.*, p. 357).

La dimensione delle aziende del polo è medio-piccola, però il Governo brasiliano, notando che, rispetto ad altre zone, questa ha incrementato nel tempo i posti di lavoro, ha voluto approfondire la conoscenza del progetto EdC, che è presente in maniera più diffusa rispetto al Polo Spartaco, anche in altre parti del Brasile, per valutare l'opportunità di utilizzarlo per una politica di sviluppo e di creazione di posti di lavoro e quindi di riduzione della disoccupazione, che rappresenta una grave piaga di questa nazione. Infatti è già stato inaugurato un altro polo EdC nei pressi di Recife, a dimostrazione che il progetto in Brasile è in espansione.

Questo dimostra che la novità suggerita dai poli EdC, a nostro sommesso parere, è insita proprio nel richiedere la dimensione collaborativa, che tenga conto anche degli indigenti a livello mondiale, quindi i rapporti di tipo cooperativo cambiano di contenuto e vengono meglio specificati [58].

Le "intese" o accordi presenti nei poli EdC in teoria tendono a dimostrare che il comportamento della condivisione, comunione, fraternità, reciprocità è possibile anche in Economia aziendale.

La forma aggregativa dei poli EdC, dimostra una sua specifica caratteristica, in cui si considera un tentativo di imporsi di "alternative" diverse e forse "superiori" [59].

[58] Infatti si legga: «Le aziende di frequente collaborano al più efficace conseguimento dei fini che esse si propongono non con il compimento di operazioni o processi economici comuni, ma seguendo politiche, direttive comuni nella attuazione delle loro distinte gestioni». Ancora: «La collaborazione in questi casi è definita da "intese" di varia specie e aventi oggetti diversi, concluse tra le aziende, espressione formale della solidarietà di interessi già esistenti» (Azzini, 1974, p. 49).

[59] «Le forme d'organizzazione economica "carenti" ma per le quali non si possono definire alternative superiori, sono comunque destinate a prevalere finché non si presenta una soluzione migliore» (Williamson, 1987, p. 590).

Ci piace riportare una delle citazioni che, nella difficile prosecuzione del lavoro, ci ha dato uno sprone non indifferente: «...il concetto di coordinazione e complementarità dei rapporti interaziendali, precedentemente riferito al complesso delle operazioni attuate da ogni singola azienda, si estende e si allarga notevolmente fino ad abbracciare tutte le operazioni compiute dall'insieme di aziende, costituenti l'unitario complesso sociale, in modo da poter parlare, in tal caso, di vincoli, correlazioni ed interdipendenze fra tutte le aziende di una nazione, o più nazioni, o, addirittura, di tutto l'universo» [60].

Infatti il polo EdC è un contesto in cui la comunione viene espressa nella singola azienda e nell'insieme delle aziende della "rete", per cui rimane il problema dell'apertura agli altri aggregati e alle altre aziende, in quanto cambiano le relazioni e quindi richiedono un governo diverso e strumenti appropriati. Ciò sarà oggetto di approfondimento nelle future ricerche.

[60] Riparbelli, 1962, p. 30.

Conclusioni

In questo lavoro abbiamo interpretato l'esperienza delle aziende EdC attraverso l'economia aziendale cercando di utilizzare inizialmente modelli interpretativi conosciuti e successivamente tentando di introdurre riflessioni innovative derivanti dalla gestione di tali aziende. Le riflessioni hanno preso in esame le singole aziende EdC ma anche le aziende inserite all'interno dei poli industriali, dove le caratteristiche portanti del progetto vengono esaltate e messe meglio in rilievo.

Ne emerge che l'esperienza descritta può fornire spunti innovativi alla disciplina aziendale, dimostrando come comporre i conflitti, come risolvere i problemi gerarchici, come misurare e comunicare rendendo le persone felici.

Emergono però anche alcuni problemi, che abbiamo riscontrato in questi anni di analisi delle aziende EdC e su cui dovremo riflettere ancora.

Tra questi il problema principale riguarda la capacità di contemperare meglio gli aspetti dell'imprenditorialità che, all'attuale stato dell'arte, ha un eccessivo orientamento verso la "provvidenza" e la managerialità [1], che richiedono competenze specifiche per cui è necessaria una più specifica formazione.

Infatti i differenti elementi devono essere, volta per volta, armonizzati senza eccedere in nessun aspetto, sia esso economico, sociale o etico, in modo che nell'azienda si contemperino tutti gli elementi della responsabilità.

L'articolazione della responsabilità aziendale riporta l'attenzione alla relazione dell'azienda con gli *stakeholder* ma, allo

[1] Bertini (1984), p. 19.

stesso tempo, valorizza l'essere l'azienda "anche" come "ordine economico dell'istituto" [2] contemperando gli interessi di tipo economico, che devono essere salvaguardati, tenendo conto di tutte le procedure di controllo, che sono ad essi consone.

Come afferma Freeman [3], la responsabilità verso i gruppi di interesse non esclude quella economica, anzi la esalta e allo stesso tempo la contempera con altre esigenze, per cui anche la cura e l'attenzione degli aspetti economici e finanziari hanno una valenza fondamentale all'interno della responsabilità sociale.

Tale esigenza è stata colta dal Polo EdC di Loppiano (FI), che ha iniziato da tempo a proporre scuole di formazione per gli imprenditori e di recente, attraverso il progetto «LoppianoLab», si è sviluppata un'offerta formativa che ha permesso di rendere visibili le aziende attraverso un'expo, di sviluppare la formazione attraverso i professionisti e i docenti universitari ma allo stesso tempo ha dato spazio alla comunicazione utilizzando i diversi canali della stampa.

Inoltre, durante il processo di analisi, diretto a interpretare sia le modalità di definizione degli obiettivi, sia le modalità di governo ed anche gli aspetti relativi alla misurazione e alla comunicazione interna ed esterna, ci siamo resi conto che quanto esposto rappresenta da un lato una parziale lettura di un progetto molto più ampio e complesso e un solo punto di vista o dottrina può dare una visione ancora più parziale, anche se utile, rispetto a quanto possono fare le diverse dottrine composte a sistema.

Questo ulteriore e sorprendente aspetto, in merito al punto di vista utilizzato, riguarda i limiti che abbiamo riscontrato nella comprensione del progetto, rimanendo all'interno della disciplina economico-aziendale. In questo senso l'orizzonte cognitivo, per formazione e competenza, ha necessariamente dei limiti.

[2] Zappa (1956).
[3] Freeman - Rusconi - Dorigatti (2007), p. 21.

Ciò può essere in parte superato provando ad esplorare altre dottrine e mantenendo la curiosità di andare al di là dei propri "confini" cognitivi. In questo "esperimento", si possono individuare, nel ritornare all'analisi aziendale del progetto EdC, alcuni punti di vista su cui ci possiamo esprimere e proporre spunti di riflessione utili.

Infatti ci ha colpito la frase iniziale di uno dei libri che ha segnato una piccola svolta e cioè la prospettiva di vedere l'emisfero terrestre seduti comodamente sulla luna (Gray - Owen - Adams, 1996). Questa è la prospettiva con si erano analizzati i fenomeni, in particolare le aziende, prima di conoscere il progetto in parola.

L'ottica di vedere dalla Luna la sola Terra preclude la visuale del sistema solare!!!!, quindi l'orizzonte non è semplicemente vedere dalla Luna la Terra come centro del mondo, ma di cercare di "scoprire" questo mondo inteso come tale, con tutte le parti che lo compongono e questo punto di vista è stato acquisito attraverso lo studio del progetto e maturando le riflessioni, che sottostanno alla cultura della fraternità alla base dello stesso.

Quindi le aziende EdC ci hanno fatto cambiare l'ottica di analisi e ci hanno dato questa possibilità di sperimentare un "pezzetto" di conoscenza, che sa di "sapienza". Questo attraverso la lettura dei casi, le interviste, le riflessioni, lo studio, le analisi e il confronto con altri studiosi di discipline diverse.

Si è scoperto così che l'angolazione aziendale è particolare ed anche parziale, ma può comunque, se sviluppata correttamente, riuscire a leggere questo progetto e fornire parziali, ma pur sempre interessanti, conclusioni e spunti di riflessione.

Infine nel progetto EdC si intravede un valido ausilio alla sintesi, che trasforma la conoscenza tradizionale, che si confronta soprattutto con studiosi interni alla stessa ed in una dimensione interdisciplinare (Quagli, 1995) in "sapienza vera". Tale approccio richiede un cambiamento radicale di ottica e di metodologia di lavoro, dove si è disposti a far tacere la propria conoscenza specifica per uscire in uno spazio "comune", in cui dialogare con gli esperti delle altre discipline per vedere i fondamenti di tutte le discipline e successivamente rientrare nella propria e portarvi i cambiamenti richiesti [4].

[4] In merito a questo si legga: «Occorrono nuove esperienze, fondanti e condivise, di vita e di pensiero capaci di costruire l'humus essenziale e culturale a partire dal quale l'albero antico dell'università possa riuscire a una nuova fioritura» (Coda, 2008, p. 7). Ancora: «Per quanto concerne l'esercizio e la comunicazione delle discipline integrate nel piano di studi, la prospettiva metodologica condivisa e promossa dai docenti è quella della correlazione dinamica delle diverse scienze in un orizzonte sapienziale»... «la finalità di tale prospettiva è approdare a una conoscenza unitaria e dinamicamente articolata della realtà, presentandosi come uno spazio relazionale dove ogni sapere, aprendosi con il proprio metodo e i propri contenuti agli altri saperi, può più adeguatamente esprimersi e offrire il proprio contributo al progetto comune. Essa può tendere verso una visione nuova e unitaria della realtà stessa, alimentando un autentico dialogo e una libera cooperazione tra le varie discipline e operando con una razionalità illuminata da quella Sapienza da cui scaturisce e verso cui tende ogni autentica ricerca della verità» (*ibid.*, p. 9).

Opere citate e consultate

AA.VV. (1981), *Responsabilità e bilancio sociale d'impresa. Esperienze e prospettive negli Stati Uniti e in Europa*, Angeli, Milano.

AA.VV. (2000a), *Aziende non profit: scenari e strumenti per il terzo settore*, EGEA, Milano.

AA.VV. (2000b), *Relazioni interaziendali e dinamica competitiva*, Atti del XXII Convegno AIDEA, McGrow-Hill, Milano.

AA.VV. (2006), *The new organisation*, in «The Economist» 19th January, London.

Airoldi G. - Coda V. - Brunetti G. (1989), *Lezioni di Economia aziendale*, il Mulino, Bologna.

Airoldi G. - Forestieri G. (1998), *Corporate Governance. Analisi e prospettive di un caso italiano*, ETAS, Milano.

Aken J.F. van - Weggeman M.P. (2000), *Managing learning in informal innovation networks: overcamening the Daphne-Dilemma*, in «R. & D. Management», n. 2, pp. 139-150.

Alford H. - Clark Ch.M.A. - Cortright S.A. - Naughton M. (a cura di) (2006), *Rediscovering abundance. Interdisciplinary Essays on Wealth, Incombe, and Their Distribution in the Catholic Social Tradition*, Notre Dame, Indiana.

Allegrini M. (2000), *Rischio aziendale e comportamenti non etici: l'utilizzo del lavoro minorile*, in «Economia e Management», n. 5.

Amaduzzi A. (1948), *Il sistema produttivo dell'impresa nelle condizioni del suo equilibrio e del suo andamento*, Genova.

Amaduzzi A. (1956), *Il sistema dell'impresa nelle condizioni prospettiche del suo equilibrio*, Signorelli, Roma.

Amaduzzi A. (1961), *Le gestioni comuni,* UTET, Torino.
Amaduzzi A. (1985), *Economia Aziendale. Principi, modelli, procedure*, Cacucci, Bari.
Amaduzzi A. (1992), *L'azienda nel suo sistema e nei suoi principi*, UTET, Torino.
Amaduzzi A. - Paolone G. (1986), *I bilanci di esercizio delle imprese*, UTET, Torino.
Amodeo D. (1967), *Le gestioni industriali produttrici di beni*, 4ª ed., UTET, Torino.
Andreaus M. (1995), *Le aziende non profit*, Giuffrè, Milano.
Ardemani E. (1968), *L'evoluzione del concetto di azienda e dei sistemi contabili in Italia*, in «Rivista dei Dottori commercialisti», pp. 411-430.
Arena P. (a cura di) (2006), *The corporate social responsibility. Scientific development and implementation*, ARACNE, Roma.
Argiolas G. (2004), *L'orientamento sociale dell'impresa: situazione e prospettive*, in «Annali della Facoltà di Economia di Cagliari», Nuova Serie, vol. XX, Franco Angeli, Milano.
Argiolas G. (2006), *The Good Management. Drivers of Corporate Social Orientation Towards a Multidimensional Success*, paper presentato al convegno «The Good Company. CSR and CST in Dialogue», Roma, Oct. 5-7.
Argiolas G. (2009a), *Economia di Comunione*, in Bruni L. - Zamagni S., *Dizionario di Economia Civile*, Città Nuova, Roma.
Argiolas G. (2009b), *Economia di comunione e Management: un modello di lettura*, in «Impresa sociale», vol. 78, n. 3, 122-140, Euricse, Trento.
Argiolas G. - Baldarelli M.G. - Ferrone C. - Parolin G. (2010), *Spirituality and economic democracy: the case of Loppiano Prima*, in Bouckaert L. - Arena P. (eds.) (2010), *Respect and Economic Democracy*, European SPES Cahiers 6, Garant, pp. 155-172.

Aristotele, *Etica Nicomachea*, in Opere, vol. II, «Biblioteca Universale Laterza», Roma-Bari.

Azzini L. (1974), *Autonomia e collaborazione tra le aziende*, Giuffrè, Milano.

Baldarelli M.G. (2003), *Definizione degli obiettivi, modalità di governo e sistema informativo nelle aziende dell'«Economia di Comunione»: un "nuovo" modo di "essere" azienda nel rapporto tra etica e globalizzazione*, in AA.VV., Atti del convegno di Novara - 4-5 ottobre 2002 - 25° convegno AIDEA - *Competizione globale e sviluppo locale tra etica ed innovazione*, tomo I, Macgrow Hill, Milano.

Baldarelli M.G. (2005a), *Le aziende eticamente orientate. Mission, governance e accountability*, CLUEB, Bologna.

Baldarelli M.G. (2005b), *Verso l'economia civile: una prospettiva economico-aziendale*, Maggioli, Rimini.

Baldarelli M.G (2006), *An Italian Note on Social Responsibility, Catholic Social Teaching and the Economy of Communion*, in «Social and Environmental Accounting Journal», april, pp. 7-12.

Baldarelli M.G. - Vignini S. (2003), *La mission, l'etica, il profitto e la solidarietà: quale azienda per quale sviluppo?*, Boari C. (a cura di), *L'Impresa fra vent'anni. Stakeholders, strategie e risorse per la creazione del valore*, Carocci, Roma, pp. 17-53.

Baraldi M. - Paletta A. - Zanigni M. (2004), *Corporate governance e sistema di controllo interno*, Angeli, Milano.

Barnard Ch. (1976), *The function of the executive*, Harvard University Press, Cambridge.

Bartel A.C. - Saavedra R. - Vandyne L. (2001), *Design conditions for learning in community service contexts*, in «Journal of Organizational Behavior», n. 4, pp. 367-387.

Bartocci M. (1978), *Profilo della Merloni Finanziaria S.p.a.*, in «L'Impresa», n. 4-5, pp. 375-377.

Bartolomeo M. (1997), *La contabilità ambientale d'impresa*, il Mulino, Bologna.

Bastia P. (1989), *Gli accordi tra imprese. Fondamenti economici e strumenti informativi*, CLUEB, Bologna.
Bastia P., (1992) *Teoria dell'agenzia e strumenti di informazione e controllo*, Pre-print biblioteca Bigiavi, Bologna.
Bebbington J. - Contraffatto M. (2000), *Sviluppo sostenibile: una rivisitazione della letteratura*, in Bebbington J. - Gray R., *Environmental accounting, managerialism and sustainability. Advances in Environmental accounting and management*, vol. 1, pp. 1-44.
Bendix R. (1956), *Work and Authority in Industry*, Wiley, New York, (tr. it., *Lavoro e autorità nell'industria*, Etas Kompass, Milano 1973).
Beresford D.R. (1974), *How companies are reporting social performance*, in «Management Accounting», August, pp. 41-44.
Bergamin Barbato M. (1991), *Programmazione e controllo in un'ottica strategica*, UTET, Torino.
Bertini U. (1984), *Il governo dell'impresa tra "managerialità" e "imprenditorialità"*, in «Banca toscana Studi e Informazioni», n. 4, pp. 19-36.
Bertini U. (1987), *Introduzione allo studio dei rischi in Economia aziendale*, Giuffrè, Milano.
Bertini U. (1990), *Scritti di politica aziendale*, Giappichelli, Torino.
Besta F. (1922), *La ragioneria*, vol. I, Villardi, Milano.
Beu D. - Buckley M.R. (2001), *The hipothesized relationship between accountability and Ethical Behavior*, in «Journal of Business Ethics», vol. 34, pp. 57-73.
Bianco G. (2000), *Oltre allo stipendio*, in «Città Nuova», n. 15/16, pp. 48-50.
Birindelli G. - Bruno E. - Tarabella A. (2002), *La business ethics e la comunicazione esterna di impresa*, Angeli, Milano.
Blum F.H. (1958), *Social Audit of the Enterprise*, in «Harvard Business Review», march-april.

Boari C. - Grandi R. - Lorenzoni G. (1992), *Le organizzazioni a rete: tre concetti di base*, in G. Lorenzoni, *Accordi, reti e vantaggio competitivo. Le innovazioni nell'economia d'impresa e negli assetti organizzativi*, Etas, Milano, pp. 306-308.

Bodega D. (a cura di) (2005), *Organizzare a misura d'uomo*, McGraw-Hill, Milano.

Bonazzi G. (1995), *Storia del pensiero organizzativo*, F. Angeli, Milano.

Borgonovi E. (1996), *Principi e sistemi aziendali per le amministrazioni pubbliche*, EGEA, Milano.

Boysière Ph. - Ingham M. (2001), *Création de connaissance et innovation*, in «Revue Francaise de Gestion», Mars-Avril-May, pp. 104-112.

Branciari S. (1996), *I sistemi di controllo nella piccola impresa*, Giappichelli, Torino.

Broglia Giuggi A. (2001), *Le aggregazioni di imprese. Gli incerti confini dell'aziendalità*, Giappichelli, Torino.

Brunetti G. (1985), *Il controllo di gestione in condizioni ambientali perturbate*, Angeli, Milano.

Bruni G. - Campedelli B. (1993), *La determinazione, il controllo e la rappresentazione del valore delle risorse immateriali nell'economia dell'impresa*, in «Sinergie», n. 30, pp. 89-101.

Bruni L. (a cura di) (1999), *Economia di comunione. Per una cultura economica a più dimensioni*, Città Nuova, Roma.

Bruni L. (2002), *La comunione e l'economia*, intervento al convegno: Felicità e vita civile nell'età della globalizzazione: idee e fatti a partire dall'EdC, Rimini 22 giugno 2002.

Bruni L. (2003), *Mercato e società civile: scontro o incontro? Alcune riflessioni dalla prospettiva della comunione*, in «Nuova Umanità», 3-4, n. 147/148, pp. 407-418.

Bruni L. (2004a), *Comunione, impresa, mercato: prospettive per un nuovo incontro*, in «Nuova Umanità», 3-4, n. 153-154.

Bruni L. (2004b), *L'economia, la felicità e gli altri. Un'indagine su beni e benessere*, Città Nuova, Roma.

Bruni L. (2006a), *Il prezzo della gratuità*, Città Nuova, Roma.
Bruni L. (2006b), *Reciprocità. Dinamiche di cooperazione economia e società civile*, Mondadori, Torino.
Bruni L. (2007), *La ferita dell'altro. Economia e relazioni umane*, Il Margine, Trento.
Bruni L. - Crivelli L. (a cura di) (2004), *Per una economia di comunione. Un approccio multidisciplinare*, Città Nuova, Roma.
Bruni L. - Gui B. (2002), *Quattro parole su economia e comunione*, in Bruni L. - Pelligra V. (a cura di), *Economia come impegno civile. Relazionalità, ben-essere ed Economia di Comunione*, Città Nuova, Roma.
Bruni L. - Parolin G. (2005), *Strategie aziendali e rapporti fra pari e fra dispari*, in «Sviluppo & Organizzazione», maggio/giugno.
Bruni L. - Pelligra V. (a cura di) (2002), *Economia come impegno civile. Relazionalità, ben-essere ed Economia di Comunione*, Città Nuova, Roma.
Bruni L. - Porta P.L. (a cura di) (2006), *Felicità e libertà. Economia e benessere in prospettiva relazionale*, Guerini, Milano.
Bruni L. - Smerilli A. (2006), *Organizzazioni e dinamica motivazionale. Contributi dalla teoria economica*, in «Nuova Umanità» 3-4, n. 165/166.
Bruni L. - Smerilli A. (2008), *Benedetta Economia*, Città Nuova, Roma.
Bruni L. - Zamagni S. (2004), *Economia Civile. Efficienza, equità, felicità pubblica*, il Mulino, Bologna.
Burkard H. (1999), *Sviluppo sostenibile e management: elementi per un nuovo paradigma di gestione*, in Buscarini C. (2005), *Il divenire dell'impresa "responsabile". Un'ipotesi di bilancio sociale per le PMI italiane*, Giappichelli, Torino.
Campanini C. (1966), *Saggio sul contenuto del bilancio d'esercizio nella dottrina tedesca*, CLUEB, Bologna.
Campanini C. (1979), *Teoria dei conti e teoria dei valori nel sistema dei fenomeni d'azienda*, CLUEB, Bologna 1979.

Campanini C. - Capodaglio G. (1986), *Introduzione alla Economia aziendale*, CLUEB, Bologna.
Cassandro P.E. (1953), *Metodologia contabile ed economia d'azienda*, Cacucci, Bari.
Cassandro P.E. (1954), *I gruppi aziendali*, Cacucci, Bari.
Cassandro P.E. (1972), *Il bilancio oggettivo dell'impresa*, in «Rivista dei dottori commercialisti», dicembre, pp. 461-479.
Cassandro P.E. (1989), *Sul cosiddetto Bilancio sociale dell'impresa*, in «Rivista di Ragioneria e di Economia Aziendale», luglio-agosto (numero doppio), pp. 290-300.
Cattaneo M. (1963), *Le imprese di piccole e medie dimensioni. Tratti caratteristici con particolare riguardo all'economia delle imprese operanti nelle aree sottosviluppate*, IEC, Milano.
Catturi G. (1971), *L'impresa come organismo tridimensionale e i suoi obiettivi alternativi al profitto*, in «Rivista dei dottori commercialisti».
Catturi G. (1984), *La teoria dei flussi e degli stocks ed il "sistema dei valori" d'impresa*, CEDAM, Padova.
Catturi G. (2001), *Distorsioni, interferenze e rumori di fondo nella gestione del segnale informativo contabile*, in RIREA, marzo aprile, pp. 109-130.
Catturi G. (2003), *L'azienda universale. L'idea forza, la morfologia e la fisiologia*, CEDAM, Padova.
Catturi G. (a cura di) (2004), *La determinazione del "valore creato"*, vol. II, CEDAM, Padova.
Catturi G. (2006), *Potere aziendale e responsabilità socio-politica*, in Rusconi G. - Dorigatti M., *Impresa e responsabilità sociale*, Collana Persona, Imprese e società, 6, Angeli, Milano.
Catturi G. (2007), *La "valorialità" aziendale*, Vol. I: *La determinazione e la rilevazione del valore "creato": presupposti teorici e metodologici*, CEDAM, Padova.
Catturi G. - Di Toro P. (a cura di) (1999), *Interessi, motivazioni e valori degli "attori" aziendali*, CEDAM, Padova.

Cavalieri E. (2000), *Strutture e dinamiche delle relazioni interaziendali*, in «Rivista Italiana di Ragioneria e di Economia Aziendale», genn.-febbr., pp. 22-32.

Cavalieri E. (a cura di) (2002), *Economia ed etica aziendale*, Giuffrè, Milano.

Cavazzoni G. (1992), *Tractatus mathematicus ad discipulos perusinos. Funzionalità e pedagogicità dell'opera di Luca Pacioli*, in «Rivista Italiana di Ragioneria e di Economia Aziendale», 5-6.

Cavicchi P. - Dalle Donne A. - Durand C. - Pezzato G. (2003), *Responsabilità sociale ed ambientale dell'impresa*, IPSOA, Milano.

Ceccherelli A. (1968), *Il Linguaggio dei bilanci. Formazione e interpretazione dei bilanci commerciali*, Le Monnier, Firenze.

Ciambotti M. (2001), *L'influenza dei fattori culturali sul controllo manageriale. Un quadro d'analisi tra aspettative e conferme empiriche*, Trieste, LINT.

Cillerai L. (2002), *Rivisitazione di alcune grandezze economiche dell'impresa*, in Bruni L. - Pelligra V. (a cura di), *Economia come impegno civile. Relazionalità, Ben-essere ed Economia di comunione*, Città Nuova, Roma.

Cima R.L. - Schubeck Th.L. (2001), *Self interest, love, and economic justice: a dialogue between classical Economic liberalism and Catholic social teaching*, in «Journal of Business Ethics», n. 30, pp. 213-231.

Cinquini L. (1994), *La dimensione "tempo" e il sistema dei valori aziendali*, Giuffrè, Milano.

Cisi M. (2003), *Il bilancio ambientale*, Giappichelli, Torino.

Clark J.M. (1939), *Social Control of Business*, Mc Graw Hill, New York.

Coda P. (2008), *L'Istituto universitario "Sophia": progetto e programmi*, in «Sophia», n. 0.

Coda V. (1988), *L'orientamento strategico dell'impresa*, UTET, Torino.

Coda V. (1995), *Intervento al seminario "Etica ed obiettivi d'impresa"*, in Riccaboni A. (a cura di), *Etica ed obiettivi d'impresa*, CEDAM, Padova.

Coda V. (2003), *Il Lavoro come dono*, relazione presentata all'incontro UCID-Busto Arsizio.

Corno F. (1996), *Patrimonio intangibile e governo dell'impresa*, EGEA, Milano.

Corno F. (2002), *L'Etica nel governo dell'impresa. Convergenza tra pensiero laico e Dottrina Sociale*, Guerini e Associati, Milano, 2ª ed. (1ª ed. 2001).

Corticelli R. (1979), *La crescita dell'azienda. Armonie e disarmonie di gestione*, Giuffrè, Milano.

Cortright S.A. - Naughton M.J. (2002), *Rethinking the purpose of business. Iterdisciplinary essays from the Catholic Social Tradition*, University of Notre Dame Press, Notre Dame, Indiana.

Corvi E. - Fiocca R. (1996), *Comunicazione e valore nelle relazioni d'impresa*, EGEA, Milano.

D'Egidio F. (2001), *Il Bilancio dell'intangibile*, Franco Angeli, Milano.

D'Ippolito T. (1953), *L'azienda. Prime nozioni di economia aziendale e di ragioneria*, 2ª ed., Abbaco, Palermo-Roma.

D'Ippolito T. (1963), *Istituzioni di amministrazione aziendale*, 5ª ed., Abbaco, Palermo-Roma.

Datu Puangco T. (2001), *La crisi finanziaria asiatica e le imprese EdC nelle Filippine*, in Ferrucci A. (a cura di), *Per una globalizzazione solidale. Verso un mondo unito. Documento di Genova*, Città Nuova, Roma, pp. 92-101.

De Rosa G. (a cura di) (1960), *Lettere a Maffeo Pantaleoni*, BNL, Roma.

De Santis G. - Ventrella A.M. (1980), *Il bilancio sociale dell'impresa*, Angeli, Milano.

Del Baldo M. (2007), *Piccoli imprenditori e piccole imprese socialmente responsabili*, in AA.VV., *Scritti in onore di Isa Marchini*, Angeli, Milano.

De Dominicis U. (1969), *Lezioni di Ragioneria*, vol. III, Azzoguidi, Bologna.
Dempsey M. (2000), *Ethical profit: an agenda for consolidation or for radical change?*, in *Critical Perspective on accounting*, n. 5, October.
Di Bernardo B. - Rullani E. (1990), *Il management e le macchine*, il Mulino, Bologna.
Di Ciaccio S. (2004), *Il fattore "relazioni interpersonali". Fondamento e risorsa per lo sviluppo economico*, Città Nuova, Roma.
Di Toro P. (1993), *L'Etica nella gestione d'impresa. Studio sulla dimensione culturale dell'azienda e sulla "qualità" del suo "modo di essere"*, CEDAM, Padova.
Di Toro P. (1995), *I valori come risorsa immateriale per il conseguimento degli obiettivi d'impresa nelle relazioni con gli stakeholder*, in AA.VV., *Le risorse immateriali. Gestione, organizzazione e rilevazione*, ESI, Napoli, pp. 73-95.
Drucker P.F. (2002), *Managing in the Next Society*, St. Martin Press, New York (tr. it., *Il management della società prossima ventura*, Etas, Monza 2003).
Ecchia G. - Marangoni G. - Zarri L. (a cura di) (2005), *Il bilancio sociale e di missione per le organizzazioni non profit*, pref. di S. Zamagni, Angeli, Milano.
«Economia di comunione», n. 17, 2002.
«Economia di comunione», n. 9, 2003.
«Economia di comunione», n. 20, 2004.
«Economia di comunione», n. 23, 2005.
Elkington J. (2004), *La triple bottom line*, in Rusconi G. - Dorigatti M. (a cura di), *Teoria generale del bilancio sociale e applicazioni pratiche: un esame critico*, Collana: Persona, Imprese e Società, vol. 2, Angeli, Milano, pp. 92-107.
Epstein B.J. - Abbas A.M. (2002), *IAS-Interpretation and application of International Accounting standard*, Wiley N.Y.
Farneti G. (1992), *Quali "valori" per l'"azienda" ente locale?*, in «Rivista Italiana di ragioneria e di economia aziendale», n. 7-8, pp. 325-337.

Felo A.J. (2001), *Ethics programs, Board involvement, and potential conflicts of interest in corporate governance*, in «Journal of Business Ethics», n. 32, pp. 205-218.

Fernàndez Fernàndez J.L. (2006), *Corporate social responsibility and business ethics: an interpretative proposal*, in Arena P. (a cura di), *The corporate social responsibility. Scientific development and implementation*, Aracne, Roma.

Ferrara G. (1998), *L'etica ambientale nella economia delle imprese tra conflitti e condivisione*, in RIREA, n. 7-8, pp. 315-323.

Ferrari G. (2002), *Il mondo del business a rischio*, in «Avvenire», 15 agosto.

Ferraris Franceschi R. (1984), *L'indagine metodologica in Economia aziendale*, Giuffrè, Milano.

Ferraris Franceschi R. (1998), *Problemi attuali dell'economia aziendale in prospettiva metodologica*, Giuffrè, Milano.

Ferraris Franceschi R. (2002), *Etica ed economicità*, in «Rivista Italiana di Ragioneria e di Economia Aziendale», maggio-giugno, pp. 213-221.

Ferraris Franceschi R. (2002), *Economia ed etica nelle aziende*, in Birindelli G. - Bruno E. - Tarabella A. (a cura di), *La business ethics e la comunicazione esterna di impresa*, Angeli, Milano, pp. 17-25.

Ferrucci A. (a cura di) (2002), *Per una globalizzazione solidale. Verso un mondo unito. Documento di Genova*, Città Nuova, Roma.

Fisher C. - Lovell A. (2000), *Accountant responses to ethical issues at work*, CIMA Publishing, London.

Fleischman R.K. (2004), *Confronting moral issues from accounting dark side*, in «Accounting History», vol. 9, pp. 7-24.

Fortunati L.V. - Baldarelli M.G. (2002), *Aspetti etici e sistema informativo nelle aziende dell'Economia di comunione: prime proposizioni*, in Bruni L. - Pelligra V. (a cura di), *Econo-*

mia come impegno civile. Relazionalità, Ben-essere ed Economia di comunione, Città Nuova, Roma.
Freeman R.E. (1984), *Strategic Management: a stakeholder approach*, Pitman, Boston.
Freeman R.E. - Reed D.L. (1983), *Stockholders and stakeholders: a new perspective on corporate governance*, in «California Management Review», Spring, pp. 88-107.
Freeman E. - Rusconi G. - Dorigatti M. (a cura di) (2007), *Teoria degli stakeholder*, Collana: Persona, Imprese e Società, 7, Milano, Angeli.
Friedman G. (1946), *Problémes humains du machinisme industriel*, Gallimard, Paris (tr. it., *Problemi umani del macchinismo industriale*, Einaudi, Torino 1949).
Fukuyama F. (1999), *Social capital and civil society*, IMF conference on second generation reforms, Mimeo.
Gaborvec Mei O. (1984), *Il valore aggiunto dell'impresa*, Goliardica, Trieste.
Gaborovec Mei O. (1986), *Metodologie quantitative di determinazione del valore aggiunto aziendale*, Goliardica, Trieste.
Gabrovec Mei O. (1997), *L'analisi delle performance nei modelli solidali d'impresa*, in AA.VV., *Scritti di Economia aziendale in memoria di Raffaele D'Oriano*, CEDAM, Padova.
Gabrovec Mei O. (1999), *Il linguaggio contabile. Itinerario storico-metodologico*, 2ª ed., Giappichelli, Torino.
Galassi G. (1969), *Concentrazione e cooperazione interaziendale*, Giuffrè, Milano.
Galassi G. (1987), *Concetti costitutivi e concetti operativi di reddito nelle loro mutue relazioni*, in AA.VV., *Scritti in onore di Domenico Amodeo*, CEDAM, Padova.
Genisio M. (2002), *Il profumo e il limo*, in «Città Nuova», n. 13.
Gherardi S. (2003), *Il sogno e il disincanto del knowledge management*, in «Studi Organizzativi», n. 1.

Giannessi E. (1954), *Attuali tendenze delle dottrine economico-tecniche italiane*, Cursi, Pisa.

Giannessi E. (1960), *Le aziende di produzione originaria*, vol. I: *Le aziende agricole*, Curzi, Pisa.

Giannessi E. (1990), *Appunti di economia aziendale*, Pacini, Pisa, seconda ristampa, (1ª ed. 1979).

Gigli S. - Baldarelli M.G., Working paper (2011), *Exploring the drivers of Corporate Reputation integrated with a Corporate Responsibility perspective: some reflections in theory and in praxis*, Juraj Dobrila University of Pula Department of Economics and Tourism - Dr. Mijo Mirković - Pula, Croatia - 5th International Scientific Conference «Entrepreneurship and Macroeconomic anagement: Reflections on the World in Turmoil», March 24th - 26th, 2011 - Pula, Croatia.

Giunta F. (1995), *Appunti di Economia aziendale*, CEDAM, Padova.

Gold L. (2004), *The sharing economy. Solidarity networks transforming globalisation*, Ashgate, Burlington, USA.

Gold L. (2010), *New Financial Horizons. The emergence of an Economy of Communion*, New City Press, N.Y.

Golin E. - Parolin G. (2003), *Per un'impresa a più dimensioni. Strategie e bilancio secondo il metodo RainbowScore*, Città Nuova, Roma.

Golinelli M. (2002), *L'economia di comunione: un'esperienza di sviluppo umano*, in Bruni L. - Pelligra V. (a cura di), *Economia come impegno civile. Relazionalità, ben-essere ed Economia di Comunione*, Città Nuova, Roma, pp. 329-366.

Goodpaster K.E. (2007), *Encyclopedia of Business ethics and society* - Sage Publishers, Lojola University, Chicago.

Grandori A. - De Vecchi C. (1983), *I processi decisionali d'impresa. La scelta dei sistemi informativi*, Giuffrè, Milano.

Gray R. (1997), *The silent practice of corporate social reporting in companies: reconstructing the "silent account"*, in Zadek S. - Prunzan P. - Evans R. (eds.), *Building Corporate social accountability: emerging practices of social and ethical accounting, auditing and reporting*, Earthscon, London.

Gray R. (1999), *The social accounting project and accounting and organizations and society. Privileging engagement, imaginings, new accountings and pragmatism over critique?*, University of Glasgow, Department of accounting and finance, December.

Gray R. (2000), *Current developments and trends in social and environmental auditing, reporting and attestation: a personal perspective*, University of Glasgow publication, Department of accounting and finance.

Gray R. (2007), *A few thoughts on Theory, Methodology and Research Design in Social accounting (or why is social accounting so difficult?) Part II*, in «Social and Environmental Accounting Journal», vol. 27, n. 1, pp. 17-23.

Gray R. - Bebbington J. (2000), *Environmental accounting: mangerialism and sustainability: is the planet in the hands of business and accounting?*, University of Glasgow, Department of accounting and finance, January.

Gray R. - Guthrie J. (a cura di) (2007), *Social accounting, Mega accounting and Beyond: a Festschrift in honour of M.R. Mathews*, CSEAR, St. Andrews.

Gray R. - Owen D. - Adams C. (1996), *Accounting and accountability. Changes and challenges in corporate social and environmental reporting*, Prentice Hall Europe, London, UK.

Grossi G. - Monfardini P. - Ruggiero P. (2006), *Cultura religiosa e nascita del movimento cooperativo. La genesi delle cooperative agricole in Toscana*, in «Contabilità e Cultura aziendale», n. 2, pp. 89-120.

Guatri L. (1999), *Valore e "intangibles" nella misura della performance aziendale. Un percorso storico*, EGEA, Milano.

Guatri L. - Bini M. (2003), *Impairment. Gli intangibili specifici*, n. 2, EGEA, Milano.

Guerrieri C. (1998), *Dagli altri al noi*, in «Nuova Umanità» n. 117-118, pp. 449-464.

Gui B. (2005), *L'economia della navicella spaziale*, in «Economia di comunione», n. 23.

Gui B. - Sugden R. (ed.) (2005), *Economics and social interactions. Accounting for interpersonal relations*, Cambridge University Press, Cambridge.

Guthrie J. (2000), *Measuring up to change*, in «Financial Management», December.

Hinna L. (2002), *Il bilancio sociale. Scenari, settori e valenze. Modelli di rendicontazione sociale. Gestione responsabile e sviluppo sostenibile. Esperienze europee e casi italiani*, Prefazione di V. Coda, Il Sole24ore, Milano.

Holmes S. (1978), *Adapting corporate structure for social responsivness*, in «California Management Review», n. 4, pp. 47-54.

Hummels H. - Timmer D. (2004), *Investors in need of social, ethical and environmental information*, in «Journal of Business Ethics», vol. 25, pp. 73-84.

Iori V. (2000), *Essere per l'educazione*, La Scuola, Brescia.

Itami H. (1993), *Le risorse invisibili*, 4ª ed., Torino, ISEDI.

Jones M.T. (1980), *Corporate social responsibility, revised, redefined*, in «California Management Review», n. 4, pp. 59-67.

Kaplan R.S. - Norton D.P. (1996), *The Balanced Scorecard*, Harvard Business School Press.

Kapp K.W. (1976), *Les coûts sociaux dans l'economie de marché*, (1ª ed. 1963) Flammarion, Paris.

Lai A. (1991), *Le aggregazioni di imprese. Caratteri istituzionali e strumenti per l'analisi economico-aziendale*, Angeli, Milano.

Langmore J. (2002), *Nuove risorse per uno sviluppo globale*, in A. Ferrucci (a cura di), *Per una globalizzazione solidale. Verso un mondo unito. Documento di Genova*, Città Nuova, Roma, pp. 210-229.

Lanza A. (1997), *Lo sviluppo sostenibile*, il Mulino, Bologna.

Lattanzi N. (2000), *"Relazioni esterne" nella PMI impresa*, in «Rivista italiana di ragioneria e di economia aziendale», luglio-agosto, pp. 410-422.

Lentz A. - Harvey T. (1963), *The ethical content of annual reports*, in «The Journal of Business», n. 4.

Lewis L. - Jeffrey U. (2000), *Ethical relativism: a reason for international differences in corporate social reporting?*, in Vermiglio F. (a cura di), *Nuovi strumenti di comunicazione aziendale. Confronto di esperienze in tema di bilancio sociale*, Giappichelli, Torino.

Leibholz R. (2005), *Dialogo e comunione in azienda*, in «Economia di comunione», n. 23.

Libro Verde 2001, 2002.

Lorenzoni G. (1990), *L'Architettura di sviluppo delle imprese minori. Costellazioni e piccoli gruppi*, il Mulino, Bologna.

Lorenzoni G. (a cura di) (1992), *Accordi, reti e vantaggio competitivo. Le innovazioni nell'economia dell'impresa e negli assetti organizzativi*, Etas, Milano.

Lorenzoni G. - Lomi A. (1992), *Impresa guida e organizzazione a rete*, in G. Lorenzoni (a cura di), *Accordi, reti e vantaggio competitivo. Le innovazioni nell'economia d'impresa e negli assetti organizzativi*, ETAS, Milano.

Lubich C. (1999), *Discorso a Piacenza* - 29 gennaio.

Lubich C. (2001a), *Quattro aspetti dell'EdC da sottolineare*, in «Economia di comunione», n. 14.

Lubich C. (2001b), *L'Economia di Comunione - Storia e profezia*, Città Nuova, Roma.

Lubich C. (2003), *Per muovere i beni, muovere i cuori*, in «Economia di comunione», n. 19.

Maguire S. (1999), *The discourse of control*, in «Journal of Business Ethics», n. 19, pp. 109-114.

Maitland I. (2002), *The human face of self interest*, in «Journal of Business Ethics», n. 38.

Mancini D. (1999), *L'azienda nella "rete di imprese". La prospettiva del controllo relazionale*, Giuffrè, Milano.
Marano M. (1998), *La struttura di gruppo nell'economia dell'impresa*, CEDAM, Padova.
Marasca S. (1999), *Le valutazioni nel bilancio d'esercizio*, Giappichelli, Torino.
Marchi L. (1993), *I sistemi informativi aziendali*, 2ª ed., Giuffrè, Milano.
Marchi L. (2002), *Contabilità d'impresa e valori di bilancio*, Giappichelli, Torino.
Marchi L. (a cura di) (2003), *Introduzione all'economia aziendale. Il sistema delle operazioni e le condizioni di equilibrio aziendale*, 5ª ed., Giappichelli, Torino.
Marchini I. (1967), *La pianificazione a lungo termine nell'impresa industriale*, Giappichelli, Torino.
Marchini I. (1986), *Attualità, specificità e strategie delle piccole e medie imprese*, in Atti del convegno AIDEA, *L'Economia delle piccole e medie imprese industriali*, CLUEB, Bologna.
Marelli A. (2000), *Il sistema di reporting interno: logiche di strutturazione delle informazioni aziendali per le decisioni dell'alta direzione*, Giuffrè, Milano.
Marquès E. (1978), *Le bilan social. L'homme, l'entreprise, la cité*, Dalloz, Paris.
Masini C. (1977), *Impresa, azienda di produzione e ambiente*, in «Rivista Internazionale di Scienze Economiche», n. 5-6.
Masini C. (1979), *Lavoro e risparmio*, 2ª ed., UTET, Torino (1ª ed. 1970).
Matacena A. (1984), *Impresa e ambiente. Il bilancio "societale"*, CLUEB, Bologna.
Matacena A. (1989), *Valore aggiunto e conto economico al valore aggiunto: prime proposizioni*, in *Il Dottore commercialista*, Maggioli, Rimini.

Matacena A. (1990), *Impresa cooperativa. Obiettivi finalizzanti. Risultati gestionali e bilancio d'esercizio*, CLUEB, Bologna.

Matacena A. (1993), *Responsabilità sociale da vincolo ad obiettivo. Verso una ridefinizione del finalismo d'impresa*, in AA.VV., *Scritti in onore di Carlo Masini*, EGEA, Milano, pp. 695-713.

Matacena A. (1998), *Il sistema informativo obbligatorio delle ONLUS. Finalismo aziendale e informazione: un nesso inscindibile*, in AA.VV., *Studi e proposte per il riordino della disciplina tributaria degli enti non profit*, Fondazione italiana per il volontariato, Roma.

Matacena A. (1998), *Un sistema informativo "logico" per gli attori del Terzo Settore in Italia*, in «Non Profit», n. 4, Maggioli, Rimini, pp. 531-575.

Matacena A. (2002), *La responsabilità sociale e la comunicazione sociale nelle aziende non profit*, in Hinna L. (a cura di), *Il bilancio sociale*, «Il Sole24 Ore», Milano.

Matacena A. (2005), *Responsabilità sociale d'impresa: momenti interpretativi*, in «Non Profit», 1, pp. 15-40.

Matacena A. (2006), *L'accountability nelle imprese lucrative e sociali. Verso una possibile convergenza?*, in P. Arena (a cura di), *The corporate social responsibility. Scientific development and implementation*, Aracne, Roma, pp. 145-195.

Matacena A. (2010), *Corporate social responsibility and accountability: some glosses*, in Baldarelli M.G. (ed.), *Civil Economy, Democracy, Transparency and Social and Environmental accounting research role*, McGraw-Hill, Milano, pp. 7-59.

Matacena A. - Del Baldo M. (2009), *Responsabilità sociale d'impresa e territorio. L'esperienza delle piccole e medie imprese marchigiane*, Angeli, Milano.

Mazza G. (1981), *Problemi di assiologia aziendale, ristampa*, Giuffrè, Milano (1ª ed. 1978).

Mazza G. (1993), *Gestione e responsabilità Aziendale*, in «Rivista Italiana di Ragioneria e di Economia Aziendale», n. 1-2.
Métais E. - Moingeon B. (2001), *Management de l'innovation: le learning mix*, in «Revue Francaise de Gestion», mars-avril-mai.
Mio Ch. (2001), *Il Budget ambientale. Programmazione e controllo della variabile ambientale*, EGEA, Milano.
Miolo Vitali P. (1978), *Problemi ecologici nella gestione delle aziende*, Giuffrè, Milano.
Miolo Vitali P. (1984), *Introduzione allo studio del sistema delle decisioni aziendali*, SEUP, Pisa.
Miolo Vitali P. (1987), *Considerazioni in merito all'inserimento dei costi ecologici nel bilancio d'esercizio*, in AA.VV., *Scritti in onore di Domenico Amodeo*, Padova, CEDAM.
Molteni M. (a cura di) (1997), *I sistemi di corporate governance nelle grandi imprese italiane*, EGEA, Milano.
Molteni M. (1999), *I problemi di sviluppo delle imprese "a movente ideale"*, in Bruni L. (a cura di), *Economia di Comunione per una cultura economica a più dimensioni*, Città Nuova, Roma.
Molteni M. (2004), *PMI: quale responsabilità sociale?*, in «Economia & Management», n. 1, pp. 111-125.
Molteni M. (2009), *Le imprese a movente ideale*, in Bruni L. - Zamagni S., *Dizionario di Economia Civile*, Città Nuova, Roma.
Montanini L. (1994), *Il sistema di reporting nelle aziende municipalizzate*, in «Economia Marche», n. 1, aprile, pp. 87-116.
Mouck T. (2004), *Istitutional reality, finantial reporting and the rules of the game*, in «Accounting Organization and Society», n. 29.
Mouritsen J. - Thrane S. (2006), *Accounting, network complementarities and the development of inter-organisational relations*, in «Accounting, Organization and Society», vol. 31, pp. 241-275.

Murray A. - Sinclair D. - Power D. - Gray R. (2006), *Do financial markets care about social and environmental disclosure? Further evidence and exploration from the UK*, in «Accounting, Auditing and Accountability Journal», vol. 19, n. 2.
Muzi Falconi T. (2005), *Governare le relazioni. Obiettivi, strumenti e modelli delle relazioni pubbliche*, «Il Sole24 Ore», Pirola, Milano.
Nash L.L. (1990), *Good intentions aside, a manager's guide resolving ethical problems*, Harvard Business School Press, Boston.
Naughton M. - Laczniak G.R. (1993), *A theological context of work from the Catholic Social Encyclical Tradition*, in «Journal of Business Ethics», 12:12, p. 981.
Naumes W. - Naumes M.J. (2006), *The art and craft of case writing*, 2ª ed. ME SHARPE Inc., London.
Normann R. (2002), *Ridisegnare l'impresa. Quando la mappa cambia il paesaggio*, ETAS, Milano.
Onida P. (1939), *Le dimensioni del capitale d'impresa. Concentrazioni, trasformazioni, variazioni di capitale*, Giuffrè, Milano.
Onida P. (1951), *Le discipline economico-aziendali. Oggetto e metodo* (2ª ed.), Giuffrè, Milano.
Onida P. (1974), *Il bilancio d'esercizio nelle imprese*, Giuffrè, Milano.
Onida P. (1993), *Economia d'azienda*, UTET, Torino, ristampa, (1ª ed. 1971).
Paciolo L. (1987), *Trattato de Computi e delle scritture*, Cacucci, Bari (ristampa) (1ª ed. Venezia, 1494).
Paganelli O. (1974), *Il bilancio d'esercizio. Problemi di valutazione*, CLUEB, Bologna.
Paganelli O. (1976), *Il sistema aziendale. Note ad uso degli studenti*, CLUEB, Bologna.
Pantaleoni M. (1964), *Erotemi di economia*, vol. II, CEDAM, Padova.

Paolini A. (1993), *Il controllo strategico. Uno schema d'analisi*, Giuffrè, Milano.
Paolini A. (1999), *L'azienda agricola: aspetti di gestione e di controllo*, Giappichelli, Torino.
Paolone G. (2002), *L'intelligenza emotiva nel sistema dei principi dell'economia aziendale*, in «Rivista Italiana di Ragioneria e di Economia Aziendale», n. 1-2.
Paolone G. - D'Amico L. (1994), *L'Economia aziendale nei suoi principi parametrici e modelli applicativi*, Giappichelli, Torino.
Paris A. (2003), *Il ruolo del rendiconto "etico-ambientale" nel sistema della comunicazione aziendale*, CEDAM, Padova.
Parolin G. (2002), *La creazione del valore a "più dimensioni": nuove prospettive*, Seminario su «Creare valore con le persone, creare valore per le persone», Padova, 4 maggio.
Passaporti B. (1986), *Le Aggregazioni tra aziende*, SEUP, Pisa.
Pelligra V. - Ferrucci A. (a cura di) (2004), *Economia di comunione. Una cultura Nuova*, in «Quaderni di Economia di Comunione», n. 1, AIEC.
Peters T. - Waterman R. jr. (1982), *In Search of Excellence*, Sperling & Kupfer, New York (tr. it., *Alla ricerca dell'eccellenza*, CDE, Milano 1984).
Petrolati P. (1999), *Il bilancio sociale di impresa verso i lavoratori. La risorsa umana e l'informativa aziendale*, CLUEB, Bologna.
Pezzani F. (a cura di) (2003), *L'accountability delle amministrazioni pubbliche*, Egea, Milano.
Pievani T. - Varchetta G. (1999), *Il management dell'unicità*, Guerini e Associati, Milano.
Piva F. - Tattara G. (1983), *I primi operai di Marghera*, Marsilio, Padova.
Poddighe F. (a cura di) (1998), *Le rilevazioni contabili delle operazioni di gestione*, 2ª ed., CEDAM, Padova.

Powell S. (2003), *Accounting for intangible assets: current requirements, key players and future directions*, in «European Accounting Review», n. 4.

Quagli A. (1995), *Introduzione allo studio della conoscenza in economia aziendale*, Giuffrè, Milano.

Quagli A. (2001), *L'informativa volontaria nel bilancio: ruolo, modalità e recenti tendenze*, in «Revisione Contabile», n. 41, pp. 33-47.

Quaglino G.P. (2004), *La vita organizzativa. Difese, collusioni e ostilità nelle relazioni di lavoro*, Raffaello Cortina, Milano.

Radatz S. (2004), *Consulting without hints, doing coaching in a professional field*, in «Brief Strategic and Systemic Therapy European Review», n. 1.

Ranalli F. (1988), *Considerazioni sul tema dell'economicità aziendale*, CLUA, Pescara.

Rashad A. - Abdel K. (2003), *Self-sorting, incentive compensation and human - capital assets*, in «European Accounting Review», n. 4, pp. 661-699.

Regolamento Europeo n. 1725/2003, Il Sole24ore, Milano 2004.

Reuer J.J. - Arino A. - Mellewigt Th. (2006), *Entrepreneurial alliances as contractual forms*, in «Journal of Business Venturing», vol. 21, pp. 306-325.

Rey F. (1978), *Introdution à la comptabilité sociale. Domaines, techniques et applications*, Entreprise Moderne D'Edition, Paris.

Riccaboni A. (a cura di) (1994), *Etica ed obiettivi d'impresa*, con interventi di G. Catturi, V. Coda, C. Sorci, CEDAM, Padova.

Riparbelli A. (1962), *Correlazioni e interdipendenze fra organismi aziendali*, Curzi, Pisa.

«Rivista Economia di Comunione», n. 19, 20, 2003, www.edc-online.org

«Rivista Economia di Comunione», n. 19, 20, 2003, www.edc-online.org

Rossi B. (2008), *Pedagogia organizzativa*, Guerini Scientifica, Milano.

Ruggiu C. (2004), *Azienda taglia i fondi di rappresentanza e adotta un paese in Senegal...*, in «Città Nuova», n. 11.

Rullani E. (2004), *La fabbrica dell'immateriale*, Carocci, Roma.

Rusconi G. (1988), *Il bilancio sociale d'impresa. Problemi e prospettive*, Giuffrè, Milano.

Rusconi G. (1997), *Etica e impresa. Un'analisi economico-aziendale*, CLUEB, Bologna.

Rusconi G. (2002), *Impresa, accountability e bilancio sociale*, in L. Hinna (a cura di), *Il bilancio sociale*, «Il Sole24 Ore», Milano, pp. 229-268.

Rusconi G. (2005), *"Accountability d'impresa" la prospettiva della disciplina contabile*, in *Responsabilità sociale e governo dell'impresa. Problemi, problemi, teorie e applicazioni: un esame critico*, Maggioli, Rimini.

Rusconi G. (2006), *Stakeholder e documenti di accountability diretta delle imprese*, in Arena P. (a cura di), *The corporate social responsibility. Scientific development and implementation*, Aracne, Roma, pp. 213-235.

Rusconi G. (2008), *Stakeholder management theory and catholic social thought: relativistic individualism or in strumento for the common good in a pluralistic society*, Working paper.

Rusconi G. - Contrafatto M. (2005), *Social accounting in Italy: origins and developments*, in «Social and Environmental Accounting Journal», Sept.

Rusconi G. - Freeman R.E. - Dorigatti M. (2007), *Teoria degli stakeholder*, Collana: Persona, Imprese e Società, Angeli, Milano.

Santi M. (2002), *multidimensionale integrato: aspetti teorici ed applicativi*, EGEA, Milano.

Saravanamuthu K. - Filling S. (2004), *A critical response to managerialism in the Academy*, in «Critical Perspectives on accounting», vol. 15.

Schmalenbach E. (1961), *Bilan Dynamique*, Dumond, Paris (ed. or., *Dinamische Bilanz*, Lipsia 1931).
Schreuder H. - Ramanathan K. (1984), *Accounting and corporate accountability: an extended comment*, in *Accounting Organization and Society (U.K.)*, vol. 9, pp. 409-415.
Sciarelli S. (1996), *Etica aziendale e finalità imprenditoriali*, in «Economia & Management», n. 6.
Scott W.R. (1981), *Organizations. Rational, Natural and Open Systems*, Prentice Hall Inc., Englewood Cliffs, New Jersey (tr. it., *Le organizzazioni*, il Mulino, Bologna 1994).
Sellmann M. (2000), *Economia di Comunione: alcune osservazioni empiriche di una realtà tedesca*, in Moramarco V. - Bruni L. (a cura di), *L'Economia di Comunione. Verso un agire economico a misura di persona*, Vita e Pensiero, Milano.
Selznick P. (1957), *Leadership in administration*, Harper and Row, New York.
Sen A. (2001), *Etica ed economia*, Laterza, Milano, Roma, 3ª ed. (ed. or., *On ethics and economics*, Basil Blackwell, Oxford 1987).
Sethi P.S. (2003), *Globalization and the good corporation: a need for proactive co-existence*, in «Journal of Business Ethics», vol. 4.
Signori S. - Rusconi G. - Dorigatti M. (2005), *Etica e Finanza*, Collana: Persona, Imprese e Società, vol. 4, Angeli, Milano.
Silvi R. (1999), *Le scelte fra gerarchia e mercato: l'impiego dell'analisi dei costi nei processi decisionali*, CISBE, Bologna.
Simon H.A. (1960), *The New science of management decision*, School of commerce, accounts and finance, New York.
Sorci C. (2006), *Responsabilità e sviluppo integrale delle aziende*, SIDREA, Appunti per un dibattito sulla cultura aziendale, pp. 85-94.
Sorci C. (a cura di) (2007), *Lo sviluppo integrale delle aziende*, Giuffrè, Milano.

Specht L.B. (1998), *The economy of sharing: there's non accounting for it*, Convegno internazionale: «International conference on accounting and governance», Naples, October 23-24, pp. 1-19.

The Copenhagen Charter: a management Guide to stakeholder reporting, The House of Mandag Margen, Copenhagen 1999.

Terzani S. (1989), *Introduzione al bilancio d'esercizio*, CEDAM, Padova.

Tieghi M. (1995), *Le fondazioni. Obiettivi finalizzanti, sistema informativo e bilancio d'esercizio*, CLUEB, Bologna.

Tieghi M. (2004), *Il bilancio d'esercizio dopo la riforma del diritto societario*, Dupress, Bologna.

Tomkins C. (2001), *Interdipendencies, trust and information in relationships, alliances and networks*, in «Accounting, Organization and Society», n. 26, pp. 161-191.

Travaglini C. (1997), *Le cooperative sociali tra impresa e solidarietà. Caratteri economico-aziendali ed informativa economico-sociale*, CLUEB, Bologna.

Unermann J. - Bebbington J. - O'Dwyer B. (a cura di) (2007), *Sustainability, accounting and accountability*, Routlage, N.Y.

Vaccà S. - Zanfei A. (1989), *L'impresa globale come "sistema aperto" a rapporti di cooperazione*, in «Economia e Politica Industriale», n. 64, pp. 53-56.

Varchetta G. (1999), *Soggetto e Istituzione: tracce di una prospettiva combinatoria*, in «PSYCHOMEDIA Telematic Review», par. 5.

Vermiglio F. (a cura di) (2000), *Nuovi strumenti di comunicazione aziendale. Confronto di esperienze in tema di bilancio sociale*, Giappichelli, Torino.

Vermiglio F. (2002), *Il modello GBS*, in Hinna L., *Il bilancio sociale. Scenari, settori e valenze. Modelli di rendicontazione sociale. Gestione responsabile e sviluppo sostenibile. Esperienze europee e casi italiani*, Prefazione di V. Coda, «Il Sole24 Ore», Milano.

Vigano A. (1993), *Alcune osservazioni su "realtà" e "modelli" nel campo delle determinazioni quantitative di azienda*, in *Scritti in onore di Carlo Masini*, Tomo III, EGEA, Milano.

Vivarelli A. (1967), *Aspetti e forme della concentrazione aziendale*, TEF, Cagliari.

Weick K. (1993), *Organizzare. La psicologia sociale dei processi organizzativi*, Isedi, Torino.

Weick K. (1997), *Senso e significato nell'organizzazione*, Raffaello Cortina, Milano.

Williams P.F. (1980), *The evaluative relevance of social data*, in «The Accounting Review», January, pp. 728-730.

Williamson O.E. (1987), *Le istituzioni economiche del capitalismo. Imprese, mercato, rapporti contrattuali*, Angeli, Milano.

Willis A. (2003), *The role of the Global Reporting Initiative's sustainability reporting guidlines in the social screening of investments*, in «Journal of Business Ethics», vol. 43, pp. 233-237.

www.edc-online.org

Zadek S. (1998), *Balancing performance, ethics, and accountability*, in «Journal of Business Ethics», vol. 17.

Zadek S. (2006), *Responsible competitiveness: reshaping global markets through responsible business practices*, in «Corporate Governance», vol. 6, n. 4, pp. 332-348.

Zamagni S. (1994), *Economia ed etica. Saggi sul fondamento etico del discorso economico*, AVE, Roma.

Zamagni S. (2000), *Economia e Relazionalità*, in Moramarco V. - Bruni L. (a cura di), *L'Economia di comunione. Verso un agire economico a misura di persona*, Vita e Pensiero, Milano.

Zamagni S. (2000), *Sui rapporti tra società civile, società di mercato e società politica: proposte per la realtà italiana*, in «Non profit», aprile-giugno.

Zamagni S. (2006), *Responsabilità Sociale delle imprese e "Democratic Stakeholding"*, working paper n. 28, AICCON, Forlì.

Zamagni S. (2007), *L'Economia del bene comune*, Città Nuova, Roma.
Zappa G. (1927), *Tendenze nuove negli studi di Ragioneria*, IES, Milano.
Zappa G. (1954), *La nozione di azienda nell'economia moderna*, Giuffrè, Milano.
Zappa G. (1956), *Le Produzioni nell'economia delle imprese*, Tomo I, Giuffrè, Milano.
Zappa G. (1962), *L'economia delle aziende di consumo*, Giuffrè, Milano.

Appendice

Questionario di ricerca 2009/10

AZIENDA E LAVORO

	1	2	3	4	5 n.r.
a. Con quale frequenza vengono coinvolti i lavoratori nelle decisioni aziendali?	1	1	10	11	6 - 0
b. Come valuta il suo rapporto di fiducia con i dipendenti?	0	0	4	12	13 - 0
c. Secondo lei in che misura i lavoratori si sentono partecipi della cultura del dare?	1	3	11	11	1 - 2
d. In che misura l'Azienda riesce a promuovere il lavoro di gruppo?	0	0	11	13	5 - 0
e. Le chiedo di valutare i riscontri che ha avuto sulla produttività aziendale dopo l'ingresso nel progetto EdC	3	2	9	8	2 - 4
f. Come valuta l'ambiente di lavoro (pulizia dei locali, ordine) in cui operano i suoi dipendenti da 1 a 5?	0	0	5	17	7 - 0
g. Con che frequenza vengono dati supporti economici ai lavoratori in difficoltà?	3	1	8	9	2 - 6
h. La ricerca di nuove attività produttive è finalizzata a creare nuovi posti di lavoro? Se sì i risultati come li valuta? Sì 19 No 7	1	1	8	7	1 - 4
i. Com'è il grado di automazione della sua Azienda?	2	1	5	15	2 - 2

	Spesso	A volte	Poco
j. Dedicate un po' del vostro tempo per l'ascolto dei membri dell'Azienda?	79%	10%	3% + 2 astenuti

Azienda e i Soggetti Esterni

	1	2	3	4	5	n.r.
a. Come valuta la competitività del suo prodotto rispetto ai suoi concorrenti?	1	0	10	19	5	-
b. La correttezza del Marketing dice di presentare il bene secondo il suo valore effettivo effettuando una corretta comparazione con i prodotti concorrenti. È d'accordo con questa affermazione?	0	0	7	11	16	1
c. I rapporti con clienti e fornitori come possono essere valutati:	0	0	0	24	8	3
d. Secondo lei dopo l'adesione al Progetto EdC questi rapporti sono migliorati? Se sì in che misura da 1 a 5? Sì 22 No 6	0	1	7	13	7	7
e. Il prodotto viene utilizzato anche internamente nelle famiglie dei lavoratori? Sicuramente n. 3 Abbastanza n. 10 Poco n. 11	-	-	-	-	-	11
f. Esiste una revisione periodica della percezione che ha l'esterno sull'azienda (partner aziendali, utenti, dipendenti)? Se sì, con che frequenza viene effettuata da 1 a 5? Sì 20 No 11	3	2	15	7	4	4
g. Se la risposta del feedback è negativa. Con che grado vengono coinvolti i lavoratori per risolvere il problema?	1	0	8	5	3	18

AZIENDA E AMBIENTE

	1	2	3	4	5 n.r.
a. Definire l'impatto che ha la produzione/servizi sull'ambiente	5	3	1	10	11 - 5
b. Se adottate pratiche corrette per il rispetto dell'ambiente in Azienda (risparmio energetico, luce, acqua, emissioni ecc.) che importanza vi attribuite da 1 a 5?	0	0	5	15	9 - 6
c. Che grado di risposta hanno i vostri lavoratori sulle pratiche di salvaguardia dell'ambiente (partecipano attivamente)?	0	1	9	14	7 - 4
d. Pensate che le pratichino anche a casa?	Sì 9 Forse 18 Non credo 1 n.r. 7				
e. Come definireste l'impegno a promuovere il risparmio di energia e l'utilizzo di energie da fonti rinnovabili in Azienda?	1	5	3	11	7 - 8
f. L'Azienda redige un Bilancio Ambientale?	Sì 6 No 24 nr. 5				

Azienda ed Etica

n.b. sul totale delle imprese n. 43 solo 35 hanno compilato i seguenti punti le restanti hanno risposto tramite testimonianza scritta.	**1**	**2**	**3**	**4**	**5 - n.r.**
a. Creare una comunità di membri che si sostengono è importante. Cosa ne pensa?	**0**	**0**	**0**	**14**	**17 - 4**
b. Indichi il grado di importanza che dà nella sua Azienda ai seguenti concetti. In elenco sono stati inseriti diversi obiettivi intermedi che permettono di capire su quali strumenti di governance le imprese italiane ripongono maggiore attenzione.	**0**	**0**	**2**	**14**	**14 - 5**
attenzione al benessere dei lavoratori e non;	**0**	**0**	**1**	**14**	**15 - 5**
stimolare un incremento di qualità continuo;	**0**	**0**	**1**	**14**	**15 - 5**
creare/partecipare ad eventi che migliorano la scala dei valori di ogni membro.	**0**	**1**	**4**	**10**	**14 - 6**
c. Ritiene adatta la sua struttura organizzativa per raggiungere le finalità EdC?	**1**	**2**	**13**	**8**	**4 - 7**
d. Con che frequenza vengono posti gli obiettivi di gestione?	**1**	**1**	**13**	**8**	**3 - 9**

e. Quando i dirigenti si incontrano per verificare l'andamento della gestione vengono fatti dei verbali per condividerli con i lavoratori?

Spesso 6 A Volte 14 Poco 4 n.r. 11

f. Eseguendo i criteri della ripartizione degli utili menzionati dal modello EdC in che percentuale si suddivide l'utile nelle seguenti voci?

Formazione culturale 30% Aiuto agli indigenti 30% Sviluppo dell'impresa 40%

In altri casi le ripartizioni sono così composte:

Formazione culturale	**Aiuto agli indigenti**	**Sviluppo d'impresa**
20%	-	80%
15%	15%	70%
10%	50%	40%
50%	10%	40%
15%	30%	25%
10%	10%	80%

g. Viene redatto un Codice Etico? Sì 6 No 17

Azienda e Qualità della Vita e della Produzione

	1	2	3	4	5 - n.r.
a. Oggi il mercato dà molta più rilevanza agli elementi intangibili dell'Azienda ed è perciò fondamentale mettere al centro del sistema la persona per poter sviluppare e mantenere nel tempo questi elementi distintivi. Siete d'accordo?	0	0	3	13	16 - 3
b. Quanta importanza viene data al rispetto della legge e agli obblighi contrattuali?	0	0	1	8	22 - 4
c. Ritenete che sia importante far conoscere ai vostri lavoratori il motivo per cui vengono imposte determinate normative per aiutarli a rispettarle?	0	0	1	13	16 - 6
d. Secondo lei i dipendenti si sentono partecipi delle responsabilità che derivano dalle scelte aziendali?	0	0	7	11	11 - 11
e. Qual è il grado di importanza che date al concetto di mettersi nei panni dell'altro?	0	0	1	14	18 - 2
f. Questa capacità è fondamentale per: risolvere conflitti, gestire gli utenti, formulare i contratti e applicare efficacemente la cultura del dare. Siete d'accordo?	1	0	3	13	13 - 5

g. I lavoratori vengono invitati a partecipare ad eventi a carattere sociale? Spesso 4 Abbast. 20 Poco 6 n.r. 5
h. Vi è mai capitata l'occasione di aiutare la collettività o dare supporto a chi era in difficoltà? Spesso 9 A volte 19 Poco 1 n.r. 6
i. Se capitasse l'occasione lo fareste? Sì 28 Dipende 2 Non credo 0 n.r. 5

Indice dei nomi

Indice generale